弱者99%社会

日本復興のための生活保障

宮本太郎＋BSフジ・プライムニュース編

GS 幻冬舎新書 242

弱者99％社会／目次

序章　「同時多発不安」を超えて

宮本太郎

震災で露呈した「社会の脆弱さ」

本書は、日本の社会保障と雇用をめぐる現状とその改革ビジョンについて、異色の顔合わせも含めて多様な立場の論客が集い、深い議論を重ねて生まれたものである。

この国で人々が先々の見通しを持ち安心して暮らしていくことは、もはやできなくなってしまったのだろうか。また、若者たちが力を発揮する場所を得て、その力を伸ばしていくことは難しくなってしまったのか。

議論が行われたのは、BSフジの報道番組「プライムニュース」のシリーズ企画「提言〝安心社会・日本〟への道」で、2010年12月と2011年2月に計6回にわたり放送され反響を呼んだ。放送後、日本をめぐる状況は一段と不透明さを増し、私たちは今、「同時多発不安」とも言うべき状況に置かれている。

この国の不安を高めた出来事の筆頭は、言うまでもなく3月11日の東日本大震災である。この大災害は原発事故と合わせて、東北3県を中心に人々の生活を根本から揺るがした。この国で生きる以上、同じことはどこにでも起こり得るし、原発事故にも境界線はない。

その復興が遅々として進まないことに多くの人々がいら立ちを感じ始めたさなか、ギリシャの債務危機に端を発する金融不安が起こり、全世界に波及しつつある。東アジアでは、この影響により急激な経済成長によるひずみが露呈する可能性もある。すでに世界の大都市の街頭では、若者たちが格差拡大に抗議の声を上げている。

私は、こうした「同時多発不安」に取り巻かれるなかで、本書が打ち出した一連の提言の妥当性と有用性の高さをあらためて確信する。

このように言うと、世界金融危機や格差不安はさておき、地震と津波は社会保障や雇用とは別次元の、人知を超えた天災ではないか、という反論があるかもしれない。実際、政府は震災復興と社会保障改革を別々の課題とし、財源も別個に割り当てている。だが、果たしてそのような形式的な区分で、この国が直面する危機と不安の構造に対処していけるのだろうか。

震災とは、もともとの社会の脆弱《ぜいじゃく》さ（バルネラビリティ）と自然災害が結合した災禍である。被災3県の沿岸部は漁業を中心とした第一次産業や零細な食品製造業が主力であり、従来、雇用と経済に不安定な部分があった。また、自治体が自前の限られた財源でやりくりを強いられるなか、医療機関や介護施設、保健師の数などの社会サービスも心もとない状況にあった。

こうした社会の脆弱さが震災の打撃を大きくした。地震と津波で、医療機関や介護施設は被災者であふれかえり、野戦病院のような状態となった。避難所では、一人の保健師が1000人以上の避難者のケアに当たることになり、その奮闘にもかかわらず避難者たちのストレスは限界にまで達した。

さらに震災からの復興を困難にしているのも、社会が内包していた脆弱さである。例えば、被災地のインフラ再生と同時に、復興の軸となるのは雇用である。ところが、この国では、いったん仕事を失った人々を再び安定した雇用に戻していく回路が極めて弱い。緊急雇用創出事業による一時的なつなぎ雇用や失業手当が途切れた後、生計の見通しが立たない被災者は実に多い。

すでに、終身雇用制などの日本的経営や公共事業依存による土建国家の雇用システムは根本から揺らいで久しい。日本中でゆっくりと静かに雇用不安が広がり続けていたところに、激甚な自然災害が契機となり、被災地では、その不安が集中的かつ破壊的なかたちで現実化した。雇用の防波堤を全国に構築する作業が遅れていたさなかに、雇用と経済の基盤が弱い地方が打撃を被ったのである。

では、日本社会が急速に脆弱になったのはなぜだろうか。

戦後日本の生活は、男性稼ぎ主の雇用に依存していた。大企業の長期的雇用慣行や公共事業は男性稼ぎ主の勤労所得を保障し、彼が家族を扶養して生活が安定するかたちが続いてきた。雇用機会が男性に偏ることは望ましくないが、失業率が低くて公的扶助の出番が少ないという限りにおいて、このかたちは悪くはなかった。

しかし、この国がグローバル化の波に洗われ、会社をつぶさない行政指導や業界保護政策が過去のものとなって雇用の揺らぎが広がると、男性稼ぎ主の安定雇用に頼り過ぎていた社会の危うさが一挙に露呈した。一点に頼り過ぎていた社会は、その一点が揺らぐことで急速に力を失っていく。

家族のかたちも変わってきた。急速な高齢化の一方で、子どもを取り巻く環境も複雑化し、とりわけ「妻」と「母親」の負荷が格段に高まっている。公的支援が後手に回るなかで、働きながら介護や育児に取り組む女性たちのあいだでストレスが増大している。

家族はもはや、さまざまな不安を吸収するバッファー（緩衝地帯）というより、新しい不安を生みだす源泉になりつつある。

弱者激増社会

「同時多発不安」に対処していくためには、こうした社会の脆弱さを克服していくことが必要である。「社会の脆弱さ」とは、その社会に生きる人々が雇用や家族についてのさまざまなリスクに対して無防備である、ということである。

現在は正規の雇用に就き、家族のつながりが強くても、いつ、何をきっかけに雇用を失い、家族を取り巻く環境に変化が生じるかわからない。

職場でも、「頑張れば必ず報われた時代」から「頑張らなければ放り出される時代」になっている。厚生労働省の調べでは、うつ病を主とする「気分障害」の患者数は、1999年は全国で44万人であったが、2008年は104万人と、10年で2・4倍になっている。これが氷山の一角であるとすれば、普通の生活が立ち行かなくなるリスクをほとんどの人が持っていると言えるかもしれない。

そしてそのようなリスクが現実化した場合、そこから生活を立て直すための公的支援は極めて弱く、リスクに自力で対応できる人はごく一部だろう。この国の多くの人は、いつ「弱者」になってもおかしくない状況に置かれているのである。

正規雇用か非正規雇用か、働いているのは管理部門か末端部門か、障がいがあるかないか、といったような境遇の相違はもはや絶対的なものではない。かつてドイツの社会学者のウルリッヒ・ベックは、「リスク社会」の到来について語った著書（『危険社会―新しい近代への道』法政大学出版局、1998年）のなかで、今日の社会を覆い尽くすリスクを、人々の頭上に細い髪の毛一本でつり下げられた「ダモクレスの剣」にたとえている。

ベックによれば、リスクに満ちた状況のもとでは人々の結び付くかたちも変わっていくべきだという。社会的立場が似通ったもの同士が結び付く「利害による連帯」ではなく、現在の利害を超えて多くの人々がつながる「不安による連帯」へ移行していくことが求められているというのである。

ギリシャ危機の教訓は何か

私たちの生活に安心と活力をもたらすのは、まずは就労できるということであり、そこから生活を維持するに足る所得が得られることである。そして所得が十分でなかったり中断したりした場合には、社会保障によって補足されたり、就労支援を受けられることが必要である。こうした雇用と社会保障の連携を「生活保障」と呼ぶ。

すでに日本では、男性稼ぎ主の安定雇用に頼ることで成り立っていた生活保障は崩れてしまったが、だからと言って、社会保障だけでは生活できない。

ギリシャの債務危機の背景には、極端に言えば「雇用なき社会保障」があった。

ギリシャは、社会保障支出の66%が年金という「年金国家」である。特に早期退職年金が580の職種に認められ、男性は55歳、女性は50歳で年金生活に入る人も多い。他方で、若者や女性の就労を支援するための支出は極めて少なく、25歳までの若者の失業率は35%を超え、15歳以上の女性の労働力率は43%にとどまる。これでは社会が持続するはずはないのであるが、このことから「社会保障は抑制しなければならない」という教訓を引き出すのは間違っている。

ギリシャの危機は、社会保障の行き過ぎというより、むしろ社会保障が今日求められている役割を果たしていないことに起因しているのである。その役割とは、多くの国々で現役世代が雇用と家族に大きな不安を抱えているなかで、それをしっかりと支えることである。現役世代のための就労支援や保育サービスなど「雇用を支える社会保障」を実現した北欧諸国は、ギリシャよりも社会保障支出の規模はずっと大きいが、財政は黒字であり経済成長の水準は高い。ヨーロッパのなかでは債務危機を救済する側にいる。

北欧型社会のしくみをそのまま輸入するというわけにはいかないが、雇用を生活保障の基軸と考え、それをさまざまな制度で支えていこうとするその発想は、これまでの日本型生活保障の発想とも通じるところがある。日本型生活保障をグローバル時代に適合させていく上で示唆的ではないだろうか。

日本復興のための生活保障──4つのポイント

では私たちは、ギリシャの教訓や北欧の経験も踏まえつつ、「不安による連帯」に基づいて、どのような社会を構築していけばよいのだろうか。人々の安心を高めながら活力ある社会を維持していくためには、どのような制度デザインが求められるのか。

これがまさに本書のテーマである。議論に加わっている論者の専門はさまざまであり、その立場も実に幅広い。当然ながら、それぞれの主張を子細に見ていけば、相容《あいい》れないところもたくさんある。

しかしながら、本書を一読して読者は、論者たちに提起されている一連の施策には共通の方向性があることを見出すのではないか。

第一のポイントは「全員参加型社会」の考え方である。

非正規雇用の人々を含めて現役世代がもっと社会のなかに参加し、力を発揮できるような条件をつくっていこうとする「参加保障」の大切さは、特に第二章で集中して論じられるが、同じ発想は本書全体で共有されている。

「全員参加」と言っても、人々をやみくもに雇用に駆り立てるということではない。それは社会全体にとって逆に非効率であり、若年層を中心に学び直しの機会や子育ての条件を提供することこそが、より質の高い参加につながることを同章では提言している。併せて労働市場は見返りある処遇を準備し、働くインセンティブを高めることが大切だと指摘するとともに、非正規と正規の分断を乗り越える労働市場そのものの改革として、「ジョブ型正社員」などの構想が論じられる。

第二のポイントは、「社会保障と経済の相乗的発展」という課題である。

社会保障の重点を「参加保障」に置くことは、社会保障と経済を相乗的に発展させていく上での重要な条件となるが、第一章では、介護や医療部門を重視し、そこでの雇用と技術イノベーションを推進していくことが、今後の経済発展の決め手になると提起されている。

第三のポイントは、生活保障の再生を通しての「つながりの再構築」である。

社会保障あるいは生活保障の目的は人々の幸福を高めることにほかならない。幸福感や生活満足度に関する近年の研究は、人々が幸福を感じるには所得だけではなく、人とのつながりが大事であることを明らかにしている。雇用と家族を支えるという生活保障の使命とは、まさに人のつながりを守り、広げることなのである。

つながりを再構築するためには、地域の伝統的なつながりとNPOなどの新しいつながりを連携させていくことが求められる。第三章では理論と現実の両面から、そのための展望が論じられる。

第四のポイントとは、未来への投資としての「次世代育成」である。

幼保一体化による就学前教育の整備は、女性たちに対する就労支援であると同時に、何よりも子どもたちが将来、生き生きと社会に参加していく基礎能力を育てるためのものである。

「家族による子育てか、社会による子育てか」という対立図式はミスリーディングであり、今、問われているのは、家族や地域の子育て力を高めるための公的支援である。第四章では、この点について白熱した議論が重ねられる。

「掛け捨て型」からの脱却

さらに、第五章、第六章では、こうした生活保障を実現していくための財源と政治が論じられている。

そこから提起される論点の一つが「掛け捨て型」から「貯蓄型」へ、という税のあり方の転換である。ここでの「掛け捨て型」「貯蓄型」とは、私たちが民間の生命保険に加入する際に選択に悩む、あの2つのタイプになぞらえている。

これまでの日本では、国民の租税負担率が米国よりも小さく、支払う税と受ける社会サービスの関係は「掛け捨て型」とも言うべきものであった。つまり、日ごろの税負担は相対的に小さいが、社会保障を利用するのはよほど深刻な事態に陥った場合だけ、という受け止め方である。かつて安定成長期には、多くの人が「年金と医療以外に、社会保障のお世話になることはない」と考えていたはずで、この「掛け捨て型」税制観が定着していたと言ってよい。

だが、これからの税と社会保障は「貯蓄型」にならざるを得ない。誰もが保育、介護、就労支援などの社会サービスを生活のなかで当たり前のように頻繁に利用することになる。当然、税負担は増えるのだが、支払った税や社会保険料は生活を支えるものとして、着実に還《かえ》ってきてもらわなければ困るのである。

税はもはや「掛け捨て」でなく、「第二の貯金」となるのである。税が「第二の貯金」として機能するためには、行政が信頼性を高め、「税が還ってきた」と国民が実感できるしくみを構築しなければならない。それこそが政治の役割なのである。

以上のような議論の4つのポイントと税のあり方の転換というテーマは、私自身が座長としてかかわった政府の「社会保障改革に関する有識者検討会」の報告書「安心と活力への社会保障ビジョン」（2010年12月）が示した提言とも重なり合うものである。ビジョンでも、全世代対応の社会保障への転換を主張している。

東日本大震災以降、政府やマスコミの論調には、復興財源確保を理由に社会保障の効率化と負担増ばかりを強調する傾向が見られ、私はこれを危惧している。それは先にも述べたように、日本復興と生活保障の再構築は別物ではなく、一体不可分の関係にあるからである。日本復興のためにこそ、全世代が社会に参加し働き続けることができる基盤づくりが必要である。

本書は、多彩な論者による自由で活発な議論を通して、日本が格差や貧困の少ない活力ある国として復興していく展望を示すものである。

第一章 経済成長と両立できるか

京極高宣／吉川 洋／宮本太郎

遠のく安心社会

宮本太郎　人生に不安は付きものですが、もう少し心安らかに生きられる社会であってほしい、というのが最近の実感ですね。

雇用の不安、子育てや少子化など家族をめぐる不安、そして高齢化とそれを支える現役世代の不安とそれぞれに深刻で、人と人とのつながりも希薄になりコミュニティーの弱体化が心配されています。かつての日本社会にはない多様な不安が私たちを取り巻き、安心を支えてきたしくみが根本から揺らいでいると言っていいでしょう。

しかも、「社会保障を充実させるなら、まずは経済成長が必要だ」とか、「成長なくして安心は夢のまた夢」というような声もあり、それなら安心社会はもうあきらめなくてはならないのか、と暗たんとします。また、財政が厳しいなかで社会保障を充実させるには、国民負担も考え直していかなければならないが、それについての合意はとれるのだろうか、といった疑問もありますね。

こうした社会保障と経済成長との関係や負担の問題を視野に入れた上で、直面する不安をどう解決していったらいいのか。安心社会のしくみを再設計していくための目標と条件について考えていきたいと思います。

雇用保障と「社縁」の崩壊

宮本　かつて日本の生活保障、つまり社会保障と雇用を合わせた生活の安心は、世界のなかでも優等生と評価され、私たちにもそれなりに安定した社会だという実感がありました。その安心はなぜ、壊れてしまったのか。

バブル崩壊前までの日本は、めったなことでは男性稼ぎ主が失職しない社会をつくってきました。終身雇用制度などの雇用保障によって妻と子どもを安定的に養えたわけですが、それを支えたのは、いわば「会社をつぶさない」という社会のしくみです。1980年代まで、大企業や業界は行政や官僚の力による護送船団方式で諸外国の圧力から守られてきたし、またその後も潤沢な公共事業などによって雇用は維持されてきた。

これによって現役世代は手厚い社会保障はなくても雇用保障を得て家族を扶養でき、逆にその家族のケアによって支えられてきました。社会保障は、もっぱら年金など退職後の人生後半に頼るものとして、しつらえられていたわけです。もともと日本は社会保障にお金をかける国ではなかったのですが、現役世代が社会保障に依存せずにやってこられたので、高齢世代主体の制度であっても特に問題はなかったのですね。

しかし、こうした経済や雇用のしくみは、グローバル経済の圧力や人口構造の変化などによって崩れます。非正規化や低所得化など雇用に関する不安は、家族をめぐるさまざまな生活不安に直結し、家族を持つ余裕さえないということで少子化にもつながっている。

こういう現状にもかかわらず、社会保障は依然、高齢世代向けの支出に集中しています。現役世代は、失職しても思うようにサポートを受けられないとすれば、「一体、何のための社会保障だろう」という気にもなる。実際、会社の健康保険組合も、後期高齢者支援金などの支出で大変です。そうなると社会保障の制度としての信頼は失われるばかりか、現役世代と高齢世代の間のあつれきにも発展していきかねません。

家族であれ世代間の連帯であれ、人と人とのつながりこそが安心の源ですが、それが揺らいできた理由の一つは、日本社会では「社縁《しゃえん》」が血縁や地縁を吸収してしまっていた、ということがある。

「社縁」とは、会社中心の人間関係のことで、例えば、サラリーマンのおとうさんは長年、会社にエネルギーを傾けて家には寝に帰るだけだった。家族との団らんは仕事の犠牲になり、地域のために活動する余裕もないから地縁を育《はぐく》めない。おとうさんには社縁だけしかないという状態になっていたところへ、企業が傾いて雇用が不安定になり、社縁からも流れ解散を宣言されてしまう。そうなると、日本はいよいよ無縁社会にならざるを得ない、ということなのです。

このように、私たちを取り巻く大きな不安を整理してみると、①日本的雇用の終えんと雇用の不安、②少子化と家族の不安、③高齢化と現役世代の不安、④社縁の解体・つながりの不安、という4つが挙げられると思います。それを解決していくべく、安心社会の再設計が急務だということです。

社会保障は何を目指すのか

吉川洋　「日本の生活保障はかつて優等生と評価された」と宮本さんも言われましたが、私も日本の戦後の社会保障制度は、非常に大きな成果を生んだと思っています。

1961年に現在の国民皆年金、皆保険の制度が整い、2011年が50周年なのですが、その成果の最もわかりやすい指標が平均寿命の伸びでしょう。50、60年前まで、先進諸国のなかで最も短かった日本の平均寿命が飛躍的に伸びたのは、医療の進歩もありますが、経済成長と社会保障の賜物《たまもの》ですよ。

しかし、その社会保障制度も時間の経過とともにほころびが生じているわけですから、整えていかなければなりません。

京極髙宣　最初に留意しておきたいのは「社会保障」の定義です。「国民の生活を社会が保障する」と理解されている場合が多いかもしれませんが、そもそも米国の「ソーシャル・セキュリティー」は、「国家の安全保障（ナショナル・セキュリティー）」に対する「社会の安全保障」という意味を持っている。社会を安全に保つ、だから国民も安心して生活できる、ということなのですね。制度がつくられたのも日本が高度成長期であったのに対して、米国は大不況期につくられた。こうした原義に立ち返って、提言していきたいと思っています。

宮本　私たちが論じようとしている社会保障とは、少なくとも個人が努力せずにボーッとしていても、それなりに生きていけるような安心を保障することではありませんよね。困難に直面したときに、社会の支えがあってそれを乗り越えることができるという安心、つまり能動的な意味での安心の保障なのですね。

国際競争力と社会保障支出の関係は

図表1-1　国際競争力ランキングと社会的支出

国際競争力ランキング（2010年）		社会的支出（対GDP比）
1	スイス	18.5%
2	スウェーデン	27.3%
3	シンガポール	12.6%
4	米国	16.2%
5	ドイツ	25.2%
6	日本	18.7%
7	フィンランド	24.9%
8	オランダ	20.1%
9	デンマーク	26.1%
10	カナダ	16.9%

出所：国際競争力ランキングはWorld Economic Forum, The Global Competitiveness Report 2010-2011、社会的支出はOECD Stat, Social and Welfare Statistics（ただし、シンガポールはILO, Cost of Social Security 1990-1996）

吉川　社会保障にほころびが生じてきた要因の一つには、確かにグローバル経済の圧力があります。韓国など新興国の成長は著しく、競争は非常に厳しくなりました。日本は港のハブ機能や観光などでも見てとれるように世界のなかで後れをとり、日本経済全体に閉そく感が漂っている。加えて高齢化や家族のあり方の変容などもあって、社会保障制度は転換期を迎えていると思います。

ただ、結論を急ぐようですが、私は経済成長と社会保障は両立すると考えています。

宮本　経済成長と社会保障はどういう関係にあるのか、世界経済フォーラム（ダボス会議の主催で知られる国際的な研究機関）の「国際競争力ランキングと社会的支出」（図表1―

1）という、2010年のデータで具体的に見たいと思います。

これは、国際競争力の上位10カ国について、社会的支出、つまり国の社会保障に充てられる費用の対GDP比を示したものですが、スイス、シンガポール、米国、日本、カナダというような社会的支出が20パーセントに満たない国々がある一方、スウェーデン、ドイツ、フィンランド、デンマークと高福祉高負担のヨーロッパ諸国が上位に入っています。

これを見る限り、経済成長の勢いと社会支出はあまり関係がないのですね。少なくとも社会保障にたくさんお金を使うことが経済成長の足を引っ張ることになる、とは言えない。要は社会保障のお金の使い方の問題なのだということです。

確かに1980年代ごろまでは、経済成長と政府支出は逆相関していると言えるような時期がありましたが、2000年代以降、日本も含めて世界が知識社会の時代に入り、そうした傾向は見えなくなってきた。むしろ、社会保障が人の能力を高めることによって経済は推進されるのではないか、と考えられ始めているのではないでしょうか。

吉川　社会保障の支出の大きさは、その国がどんな社会でありたいか、ということを示しているのです。ヨーロッパ諸国は概《おおむ》ね手厚く、米国は個人負担重視で国の支出は少ない。日本はその中間で、いわゆる「中福祉」です。先ほどのデータの社会的支出の対GDP比で言えば、日本は国際競争力1位のスイスと同じぐらいですね。

やはり問題は社会的支出の大きさ自体よりも中身で、どのようにお金を使うか、ということでしょう。社会保障のシェアが高いと経済成長が阻害される、というような見方は単純過ぎるのであって、両者はそれぞれ別個で、独立的に見るべきものだと思います。

京極　まったく同感ですね。日本では高度成長期に社会保障のしくみづくりを進め、支出自体は大きくなかった。しくみが整って、関連支出も含めて社会保障費が膨らんできたのは近年です。社会保障の支出が大きいと機械的に経済競争力が落ちる、経済成長が鈍るということではないと思います。

人口減少は経済成長鈍化に直結しない

京極　日本の人口構造の変化から社会保障を考えてみたいのですが、社会保障・人口問題研究所の推計データ「年齢（3区分）別人口の推移」（図表1―2）によると、2005年ごろを境に、14歳以下の年少人口と15～64歳の生産年齢人口が徐々に減少していき、65歳以上の老年人口が増えていきます。減っていく生産年齢人口が、増える老年人口をどう支えていくか、ここに社会保障の大きな課題があるわけです。かつて日本が工業国として華や

図表1-2　年齢(3区分)別人口の推移

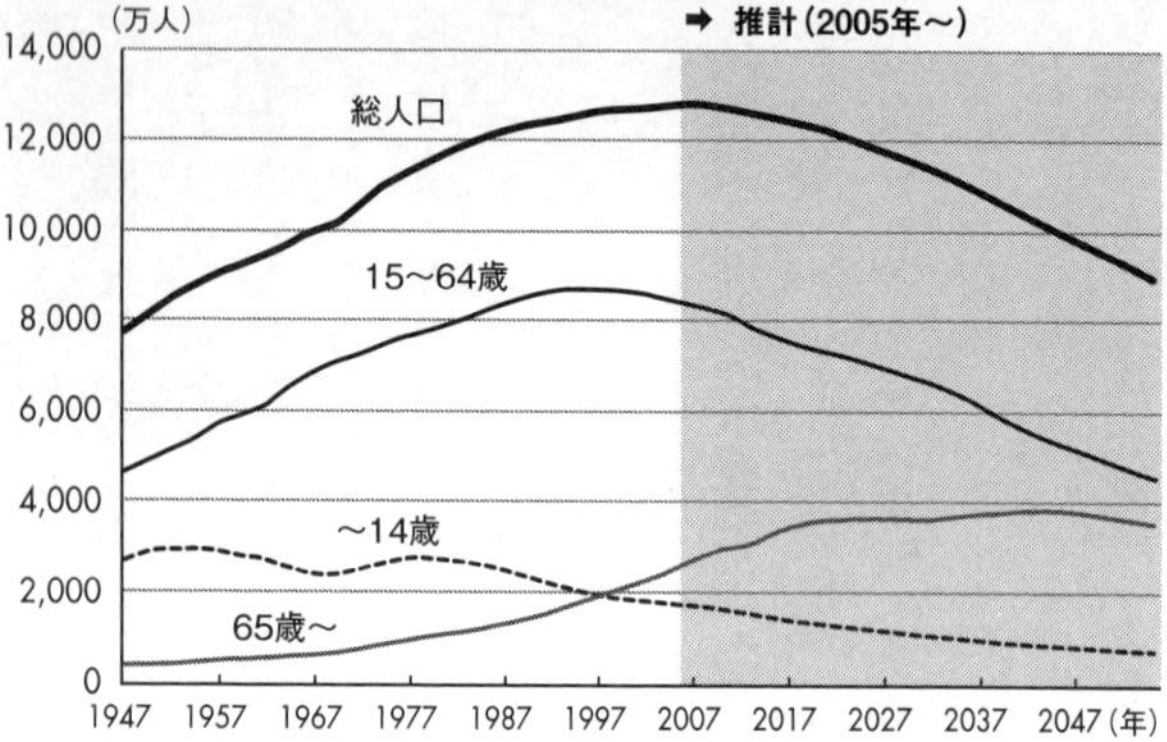

出所：1950～2005年は総務省「国勢調査」、2006～2010年は総務省「人口推計」、2011年以降は国立社会保障・人口問題研究所「日本の将来推計人口」

かな成長を遂げていたころと、支える側、支えられる側の人口バランスが逆転する流れにあります。

　ヨーロッパは、ドイツや南ヨーロッパ諸国のような「超少子化の国」と、フランスや北欧諸国のような、出生率が比較的高い「緩少子化の国」の２つに分けられるのですが、後者は概ね社会保障が手厚い国々です。日本の社会保障もそれらの国々の水準に持っていく必要があるでしょうね。

宮本　人口減少は社会保障に対して脅威であり、食い止めたいところですが、すでに１９９５年に生産年齢人口は減少し始め、２００６年には総人口が減少し始めている。３人で１人のお年寄りを支える、これまでの「騎馬

図表1-3　日本の人口と経済成長（1870〜1994）

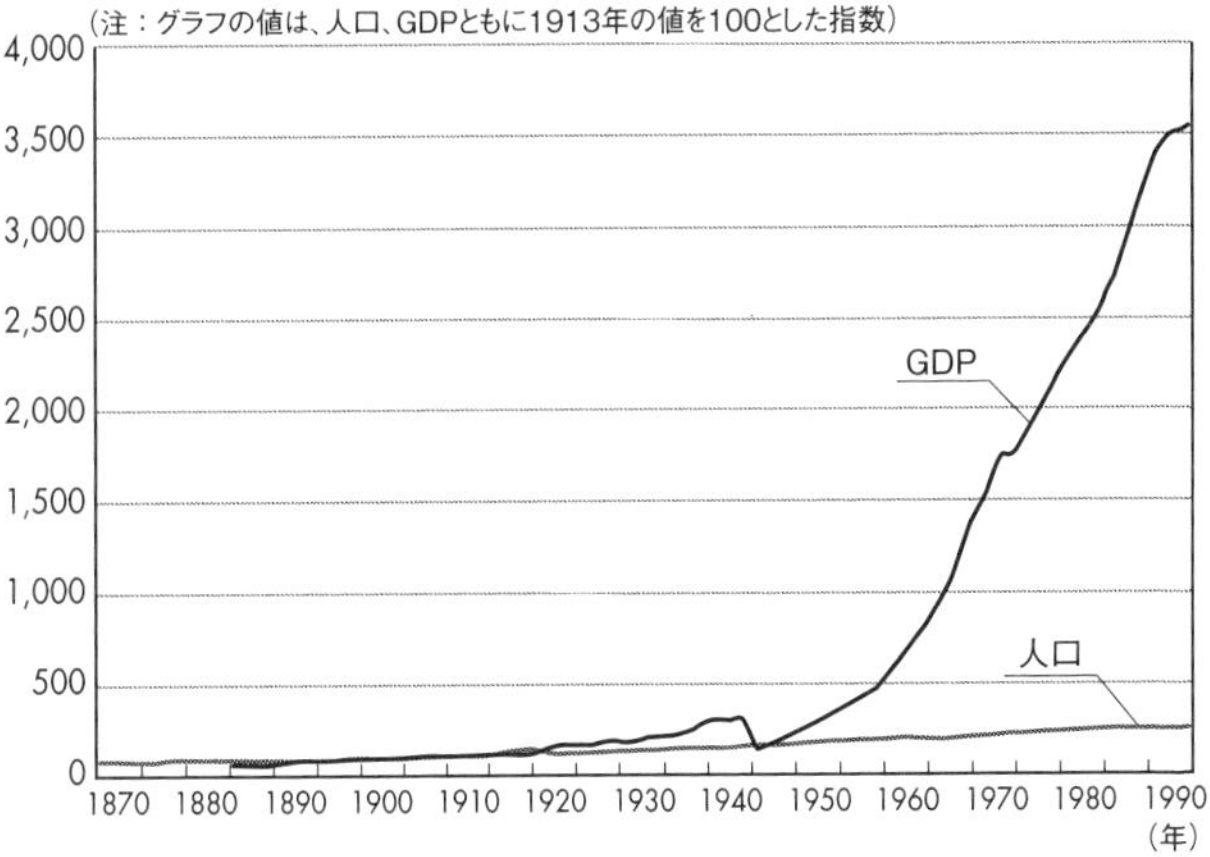

出所：Maddison, A. Monitoring the World Economy (Paris：OECD, 1995)

戦型」から、1対1で支える「肩車型」になっていかざるを得ないのですね。

　これで経済成長など果たしてできるのか、ということですが、一人当たりの生産性を上げることができれば、話は違ってくると思うのです。

吉川　人口減少は社会の閉そく感を生むでしょうが、経済成長の鈍化には必ずしも直結しません。

「日本の人口と経済成長」（図表1―3）で、人口と、経済の大きさを示すGDPの関係を振り返ってみたいのですが、戦後、特に1960年代以降のGDPは飛躍的な伸びを示しています。一見してわかるように人口成長のペースとはまったく関係ない。これは、一人当たりの所得が伸びたことによって経済の規模が拡大したということで、日本に限らず、先進諸国は過去100年、こうして経済成長を遂げてきたわけですね。一人当たりの所得の伸びこそが経済成長の源泉なのです。

ニーズに応えるイノベーションが成長を導く

吉川　では、一人当たりの所得の伸びを可能にしたのは何かと言えば、技術進歩、つまりイノベーションです。企業だけでなく、政府や教育機関などさまざまな主体が新しいモノやサービスを生み出してきたことによって所得が伸び、経済成長が可能になった。ですから、「経済、社会保障のキーワードはイノベーション」を私の提言としたい。

さらに付け加えたいのは、イノベーションの源とは何か、というと、それこそ「必要は発明の母」と言われる通り、人々のニーズだということです。

今、私たちは医療・介護に関してさまざまな課題を抱えていますね。そうした多様なニーズに応えて、モノやサービスの中身を変えていくイノベーションこそが経済をけん引することになると思います。

宮本　吉川さんは、高齢化はまさにイノベーションのチャンスであり、イノベーションを通して社会保障の充実が経済成長につながるというシナリオを示されているのだと思いますが、一方で「ボーモルの法則」のような懸念もあります。

米国の経済学者ウィリアム・J・ボーモルによれば、舞台芸術の実演のような労働集約型のサービスは生産性向上に限界があり、採算がとれにくい。つまり、ベートーヴェンの四重奏曲は、時代は変わっても奏者は4人必要で人員削減はできないということですが、医療・介護の分野にもこれと似た難しさがあるのではないでしょうか。

吉川　基本的にはニーズがあり、それに対応したイノベーションがなされれば、製品、サービスの高付加価値化は可能だと思います。例えば、外食産業などを見ても、そうした例はいくらでもあると思うのですね。

医療・介護関連のわかりやすい例で言えば、介護ロボットがそうでしょう。ハード面だけでなく、介護の現場でどのように人の力と組み合わせていくかなど、ソーシャルなソフト面のイノベーションも必要です。そうしたところに成長のチャンスはあると思います。

１９９０年代以降の日本経済の停滞を「失われた10年」、あるいは最近までの期間も入れて「失われた20年」という言い方もあるようですが、この間に自殺者が３万人の大台に乗り、雇用も非正規化が進むなど、閉そく感は強まりました。

と同時に、イノベーションの力も日本経済全体として弱かったのではないでしょうか。グローバル経済のなかで、全体のパイを大きくするような「プラス・サム」的なビジネスモデルを日本は生み出せなかったのではないかと思います。

また、医療・介護の分野は、保険で公的に支えられる側面と産業的側面の両面がある。成長産業として展開する可能性がありながら、公的保険の枠組みに制約を受けて、十分に開花してこなかったとも言えるでしょう。今後は、規制改革も必要でしょうし、公的保険の枠組みを維持しながらも、一方でマーケットの潜在的なニーズ、ウォンツを十分掘り起こしていく努力が必要だと思います。

京極　「失われた10年」あるいは「失われた20年」は経済について言われてきたのですが、社会保障についてはまさに「拡張する10年」あるいは「拡張する20年」だったのですよ。介護関連などの雇用は飛躍的に増えましたし、産業連関的な波及効果も大きなものがあり、医療技術も日進月歩で躍進した。地域経済や日本経済全体に与える影響も大きかったと思います。

約3000万人という高齢者市場は非常に有望で、今後の日本経済のために重視すべき領域ですし、サービスの効率化や技術革新を重ねることで、さらに夢のある成長分野になればと思います。

安心が決め手となる消費

吉川　ただ、需要側の状況を見てみると、高齢者の場合は病気や介護など先行きの不安が大きいので、気軽に支出はできないというところがありますね。日本の高齢者はかなりの金融資産を持っているのですが、それが消費として出てこない。

そうした状況を変えていくためには、私は以前から主張しているのですが、高額医療費に関する制度の整備と周知がポイントだと思います。つまり、医療費がいくらかさんでも個人の負担の上限はここまで、ということが明確になっていれば、高齢者にとって支出の見通しもつき、安心できますよね。

そのためには医療保険制度をもっと合理的にし、負担の上限について情報を共有しやすくすることでしょう。その意味で、個人の給付実態を確認できる社会保障番号や社会保障手帳の普及も必要でしょうね。

医療については、こうした点も含めて保険制度としての原点に立ち返り、合理的に制度設計していくことが求められていると思います。

宮本　これまでのお二人の話から、社会保障と経済成長をつなぐ2つの重要なキーワードが提起されたと思います。一つは「イノベーション」で人の能力開発にかかわることですが、もう一つは「安心」ですね。

イノベーションについては、政府の成長戦略でも吉川さんがおっしゃるような意味でのライフ・イノベーションを追求して284万人の雇用を創出する、という話になっているのですが、これが具体化していない。また安心については、昔の江戸っ子は「宵越しの金は持たない」なんて粋がっていたのですが、今の江戸っ子ときたら、不安だらけでタンス預金に励んでいる。

日本銀行によれば、投資されていない、いわゆるタンス預金は約150兆円。うち30兆円くらいはお金の行方《ゆくえ》が本当にわからなくなっている。これには高齢者の将来不安が背後にあります。高齢者にとっては、自分が使うためにというより、家族や親族から介護を受ける担保のような側面もあって貯め込んでいる。これは逆にこの国の家族のつながりを歪《ゆが》めてしまうのではないかと思います。エコノミストの藻谷浩介《もたにこうすけ》氏によれば、このタンス預金を相続する平均年齢は67歳だそうで、またそこから将来不安に備える閉じた循環が始まる。

もし、このお金が安心して自由に使えるということになれば、相当大きな経済効果になるし、全世代的な循環になるわけですね。そう考えれば、「安心」というのは、本当に重要な経済の媒介項だなと思います。

大きい社会保障産業の需要拡大機能

京極　私が提言したいのは「社会保障の充実を経済成長のバネに！」ということです。まずは、社会保障の主な経済的機能をお示ししたいのですが、第一は「セーフティネット機能」で、①生活の安定、②労働力の保全、③所得の再分配が挙げられる。こうした機能はよく知られていると思うのですが、一方、あまり着目されてこなかったのが、第二の「需要拡大機能」なのですね。これは①雇用の創出、②生産の誘発、③資金の循環を指しています。

社会保障は金食い虫だなんて言われてきたのですが、決してそんなことはない。特に資金の循環ということでは、年金基金で１００兆円以上の金が株式や債券に使われ、潤滑油としての大きな役割を果たしています。社会保障の経済的な意義はそれなりに大きいことを強調しておきたいのです。

図表1-4　雇用誘発係数における主要産業と社会保障産業の比較

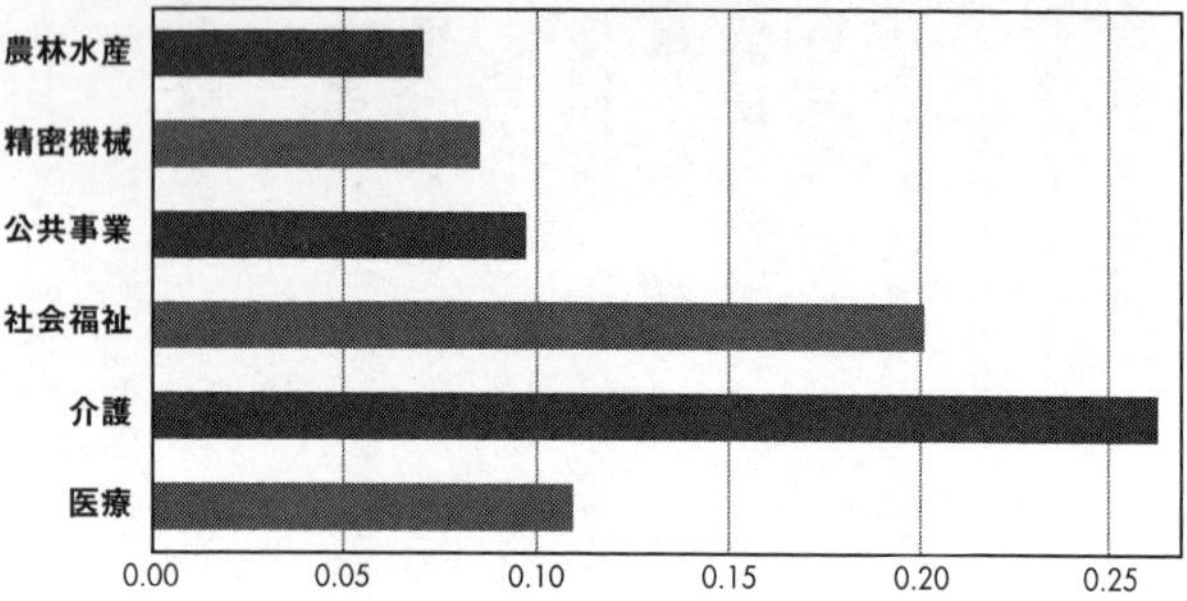

注：医療は医療法人等、社会福祉は国公立のみ、介護は居宅のみ。

出所：一般財団法人医療経済研究・社会保険福祉協会 医療経済研究機構「医療と介護・福祉の産業連関に関する分析研究」(2010年)より。厚生労働省政策統括官付社会保障担当参事官室作成。

　さらに具体的に他産業との比較を見たのが、「雇用誘発係数における主要産業と社会保障産業の比較」（図表1―4）という2010年のデータです。「雇用誘発係数」というのは、ある生産部門への需要が1単位増加したとき、全体として必要となる労働量の増加を表す係数で、高いほど雇用効果が大きいということですが、介護や社会福祉関連の産業は、いずれも公共事業を大きく引き離している。また、このデータでは表れていませんが、医療部門も医療機器や医薬品など先進技術を駆使していることで生産誘発効果が製造業並みに大きい。以前は、社会保障関連産業は投資対象として魅力ある部門ではないと言われてきたのですが、現在ではむしろ経済の刺激剤になってきています。

最近は、どこの地方都市でも、街中で高齢者施設のデイサービスの送迎バスが行き来しているのを目にしますし、シャッター商店街のなかでも介護の事業所だけは気を吐いている印象がある。社会保障の安心・安全による外部経済的な効果を除いても、社会保障関連産業は地域経済のなかで存在感を増しつつあり、雇用面だけでなく、生産誘発効果も含めた多様な面で経済に寄与していると言えるでしょう。

「保健国家」で激変した就業構造

吉川 確かに、過去10年間に雇用がどんな分野で増えたかを見ると、建設業や製造業は純減しているのに対して、介護、医療は明らかに増えている。これは米国はじめ先進諸国共通のことで、この分野の雇用の吸収力は非常に大きいのです。

そもそも経済成長はそれ自体が自己目的ではなく、ニーズのある分野でイノベーションが起こり、結果的に経済成長に結び付くし、雇用もシフトしていきます。

また、消費は年齢に強く依存する部分がありますね。バリアフリーの設備の普及などはその典型でしょう。モノ、サービスのニーズは年齢層に合わせてシフトしていくのですから、当然、先進諸国の経済において介護、医療は、相対的に大きな分野になっていきます。

宮本　産業間の人口のシフトということでは、私は「土建国家から保健国家へ」と言っているのですが、かつて高度成長期には就業者の10人に1人が建設土木関係に従事し、700万人近い人がその分野で働いていた。2002年から2009年の変化を見ても、建設業の就業人口は618万人から517万人へ、それに対して介護・福祉関連は474万人から621万人と激増しています。しかも、性別の内訳を見ると、現在の建設業の女性就労者は74万人なのに対して、介護・福祉は470万人と大多数を占めている。これこそ、就業構造の大激変です。

ただし、介護・福祉分野は労働集約型サービスなので雇用誘発効果は大きいが、経済効果総体として本当に影響力は大きいのか、という疑問もあるでしょう。

これは経済波及効果の計算のしかたにもよるのですが、就労者の所得を通じた生産誘発効果なども含めれば、介護は公共事業を上回る経済への影響力を持っていると言われています。つまり、介護従事者たちが、その所得で消費することによる産業連関的な経済効果はそれなりに大きいということで、介護労働の賃金が少しでも改善されれば、経済全体に良い効果を与える可能性があるということです。

ただ、現実の介護の職場では定着率が高くないということが問題になっていますね。

吉川　定着率の低さは、やはり賃金報酬の低さと関係しているでしょうね。

どんな業種でもそうですが、賃金を上げていくためには、結局、生産性が問題なのです。生産性を上げれば賃金は上がり、定着率も改善する。生産性を上げるには、資本、つまり機械などの導入と、物事をどう進めていくのかというソフトも含めたイノベーションの力が関係します。

そもそも今の介護サービスについて私たちは十分、満足しているのでしょうか。消費者にとってみれば、少し高くても本当においしいものを食べたい、というニーズがある。いわば、商品の高付加価値化ですが、介護サービスにおいてもそういうニーズに応えられるイノベーションが進められているのかどうかですね。

サービス供給体制の効率化を

京極　介護サービス事業はまだ下積み期ですが、今後、経験を積み重ねながら、いろいろな要素を組み合わせて新しいモデルをつくっていくことが求められています。そこにイノベーションの可能性があり、海外への輸出の道もひらかれるのだと思います。

介護サービスの業界には、株式会社、NPO法人、社会福祉法人などさまざまな団体が共存し、制度の規制がありますから、価格競争はないものの品質競争ではしのぎを削っています。福祉の分野で完全自由競争になることは必ずしも好ましくないでしょうが、「介護サービスは充実してほしい、でも介護保険料は安く、税金も安く」という国民の声に応えていると、介護従事者にはなかなか日が当たらないということになります。

介護の現場を見ると本当に給料は厳しい。なんとかならないかと思うのですが、いきなり1割上げるというのは難しいものの、数パーセントでも上がると働く人に希望がわいてくる。今後下がるしかないということになれば、不安は膨らむばかりでモチベーションや生産性にも影響していきます。

介護報酬も診療報酬も国が決めているわけで、米国のように市場原理で高くなる部分を抑制しているのですが、報酬アップや労働分配率などの面で少し規制緩和することも必要ではないでしょうか。それによって現場に活力が出てくればいいと思うのですね。医療の分野も飛躍的に技術進歩していますし、なんでも規制でしばればそれでいいか、ということは、混合診療の問題などもあって見直されつつある課題だと思います。

介護保険は、国、自治体、そして個人負担の三者で賄われていますが、今後は個人負担を増やす方向も考えざるを得ないのではないでしょうか。三者全体で底上げしていくようにしないと、介護の現場はもたないのではないかと思うのですよ。

吉川　同じ福祉分野でありながら、医療や介護が年金と違うのは、具体的なサービスの供給をするということですね。そこで押さえるべき点は二つあって、一つは公的保険というかたちを維持していくこと。もう一つは基本的に民間の問題ですが、供給体制を効率化し、合理的にやっていく、ということでしょう。

というのは、例えば国際比較のデータを見ると、病院の入院日数について日本は長めで、本当に必要なのか疑問符が付くと長年、言われてきました。また、都道府県別の医療費の比較などでも、差異が大きくて腑《ふ》に落ちないというようなことが指摘されてきた。

今後は、公的保険制度という体制をしっかり維持しつつ、供給体制はできるだけ無駄のないよう効率化していく努力が必要だと思いますよ。経済学者がよく使う「効率化」という言葉は、福祉的な分野ではあまり好かれないのですが（笑）。

宮本　介護保険で介護サービスのニーズが生まれ、社会的市場ができた。そこで民間事業者は上乗せ横出し的なサービスで市場を膨らませていけばいいと思うのです。

保険の維持と供給体制の効率化という2つの側面は、根本から矛盾することではありませんね。

グローバリゼーションと介護の担い手

吉川　介護や看護の賃金は、グローバリゼーションの影響で途上国からマンパワーが入ってくることで低く抑えられてしまうリスクがありますね。

アジアとの共生を考えれば、現在の日本の就労規制を緩和していく必要があると思っているのですが、そうした海外からの圧力と、国内のイノベーションや投資によるプラス効果のどちらが勝っていくか、今後はそのせめぎあいになるでしょうし、それが賃金にも影響を与えるでしょう。

とにかく日本は世界のフロントランナーとして、急速な高齢化をどう経済活力に結び付けるかに挑戦していかなければならないわけで、先例はないのですね。ただ、持ち前の技術力の高さや人口の多さ、高い質を求める消費者など、最高の実験場としての条件は整っている。

21世紀は中国を含め世界の主要国が高齢社会に突入しますから、日本が優れた高齢化対応のビジネスモデルをつくれば、輸出産業に展開していける可能性が十分あるのです。か

図表1-5　労働力状態別・人口ピラミッド（2005年）

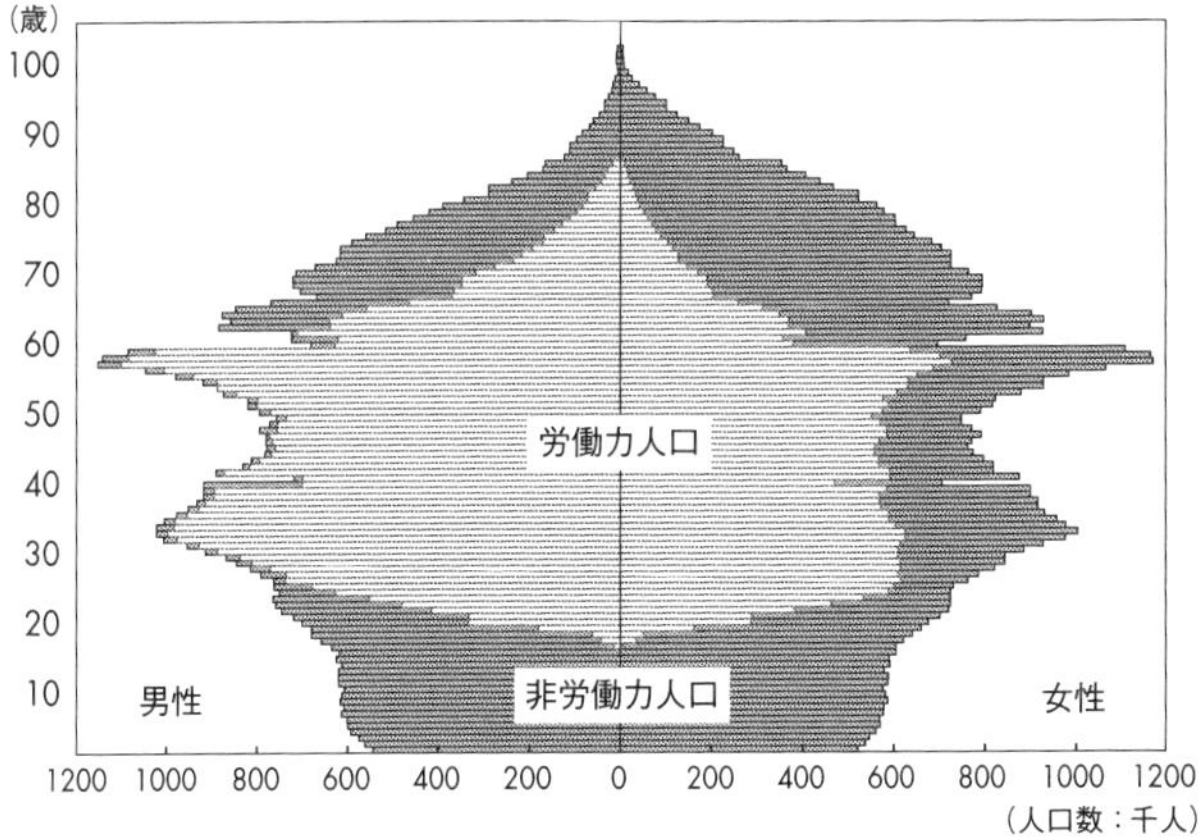

出所：総務省統計局「国勢調査報告書」より作成

って地球環境問題に対応して開発されたハイブリッドカーが日本の成長の源泉になったように。

京極　海外からのマンパワー移入についてですが、ここで国内の労働力人口の実態を見ていただきたいのです。「労働力状態別・人口ピラミッド」（図表1―5）を見ると、65歳以上70代の高齢者、女性は30代以上について労働力人口に入っていない層がかなりあるのですね。社会保障給付の面だけでなく、まずは働きたい人が活躍できるような積極的な労働政策を打ち出すことが先決だと思うのです。

その上で、外国人に日本の労働市場の門戸を開くということも、私自身は将来に向けて大切なことだと思いますし、実際、私どもの介護事業の現場にはアジアから担い手を迎え入れて支援しています。しかし、日本全体で見ても、まだまだ数の上では少ない。もっと増やすことによって日本とアジアとのつながりを深め、日本で学んだことをアジアで生かしてもらうのがいいのではないでしょうか。

現状では、さらに門戸を広げても、日本の経済や就業構造を揺るがすほどにはならないでしょう。なにしろ、2055年には日本の人口は今より4000万人近く減ると推計されているのですが、この分を外国から入ってくるマンパワーで補うのは不可能です。やはり、国内の労働力を有効に活用できるよう工夫すべきですね。

宮本　グローバリゼーションの影響については、マイナス面ばかりではなくて、むしろ逆手にとって日本が攻勢に出ることもできるのではないかと思うのですね。

私自身は外国人労働力の活用については慎重派ですが、すべて閉じていくということはできません。例えば、人の移動を含めて二国間の連携強化を図る経済連携協定によって、フィリピンやインドネシアなどから日本へ看護や介護の担い手を目指して人が来ているわけですが、言葉の壁があって、日本の国家試験は難関になっている。これは逆にフィリピンやインドネシアからの不信を高めます。でも、そうした人は英語ができるのだから、日本の優れた医療サービスを売り物にアジアから観光客を誘致するメディカル・ツーリズムを発展させて、そうした場で働いてもらうこともできます。

アジア諸国がいずれも高齢社会になっていくのですから、方法はいろいろとあると思うのです。

エースストライカーもディフェンダーも大切

宮本　お二人の提言をお聞きして、どうやら社会保障と経済成長をつなぐものが見えてきたように思います。先ほど「イノベーション」と「安心」について触れましたが、もう一度ここでまとめておきましょう。

一番目は吉川さんが言われた「イノベーション」ですが、国内の高齢社会から生まれ出てくる切羽詰まったニーズやウォンツをもとに創造的な技術開発をすることで、国際競争力を付けるということですね。確かに、スウェーデンやドイツなど福祉国家と言われる諸国を見ると、GDPに対して輸出額の占める割合が高い国が多い。内需だけでなくて、積極的に外に打って出ることが必要だということが、吉川さんのご提言だと思います。

二番目は「雇用」で、「土建国家から保健国家へ」の転換はかなり進んだわけですから、京極さんが言われたように「保健国家」の質を高めるべく、働く人の処遇を良くしていくことが決め手だということです。

三番目は、吉川さんも触れられた「安心」でしょう。安心して仕事を変えてチャレンジできる、また、老後の心配のためにお金を貯め込むことなく安心して消費できることが経済成長を促すということです。

このように「イノベーション」、「雇用」、「安心」が社会保障を経済成長につなげる媒介項だと思うのです。

今回のお話は、以前、菅直人首相が唱えていたような、介護や医療の分野に人やお金を投入すれば、自ずと経済成長はけん引されるのだという主張と、一見、似ているようで、異なっていると思うのですね。

サッカーにたとえれば、吉川さんのお話は、社会保障をテコにイノベーションを推し進め、どんどん世界に出て行って得点をゲットできるエースストライカーを育てていこうということです。それに対して、京極さんが雇用について言われたことは、地域にしっかり根付いてゴールを守るディフェンダーを増やしていかなければならないということでした。チームジャパンとしては、その両方のチームワークが大切なわけですね。

ところが、菅さんはどこまで単純化して言われたのかわからないのですが、どうもディフェンダーだけで経済をけん引できるかのようなニュアンスのお話だったと思います。社会保障を経済成長につなげるためには、それだけでは足りないということですね。外で得点を稼げるエースストライカーを育てていくことこそが重要で、今回のお話のポイントは、そのあたりにあると思います。

吉川　私たちが直面している高齢化のトレンドは前人未到なのです。フロントランナーの日本には社会保障が国内の大きな柱でありながら、それだけにとどまらないという認識が必要でしょう。

今世紀後半には、高齢化により人類の社会は都市、建造物、交通などあらゆる側面で大きく変わっていきます。すでに議論されているコンパクトシティーの構想や建物におけるバリアフリー、介護ロボットなど、高齢社会に対応する技術を開発していくには日本は優れた実験場ですが、何よりフロントランナーとしての責任と自覚を持つことでしょうね。

京極　付け加えたいのは、社会保障の財源の問題です。消費税の社会保障目的税化を含めて、これをきっちり確保しなければ、何もかも架空の議論になってしまう。

それから、地域にはボランティアやＮＰＯなどの力もあるわけで、なんでもかんでも公費でやろうとする社会がいいかどうか、考えるべきでしょうね。

地域福祉の役割も非常に大切で、お金をかけなくてもサポートし合えることもある。いろんな力を組み合わせていく必要があることを強調しておきたい。

吉川　財源確保の重要性については同感です。特に見過ごせないのは国民負担の問題で、これを正面から議論していかなくてはならない。

さらに言えば、私たちが望むような安心社会を築くためには、明らかに国民の負担が足りないと思います。今後は、大きなリスクはみんなで支え合うけれど、小さなリスクはそれぞれで自己負担するように努力した方がいいのではないか、というのが私の考えです。仮に国民負担を多少大きくしたとしても、財源は足りないはずで、後はいかに給付を合理的にやっていくかということでしょう。その点についても国民的議論が欠かせないのです。

［２０１０年12月15日］

京極高宣
きょうごく・たかのぶ

社会福祉法人浴風会理事長／1942年東京都生まれ。東京大学大学院経済学研究科博士課程満期退学。日本社会事業大学教授、同大学学長などを経て、2005年国立社会保障・人口問題研究所所長。2010年より現職。主著に『社会保障と日本経済―「社会市場」の理論と実証』(慶應義塾大学出版会)、『共生社会の実現―少子高齢化と社会保障改革』(中央法規出版)ほか。

吉川 洋
よしかわ・ひろし

東京大学大学院経済学研究科教授(マクロ経済学)／1951年東京都生まれ。イエール大学大学院経済学部博士課程修了(Ph.D.取得)。ニューヨーク州立大学経済学部助教授、大阪大学社会経済研究所助教授、東京大学経済学部助教授などを経て、96年より現職。経済財政諮問会議民間議員、社会保障国民会議座長、財政制度等審議会会長を歴任。主著に『構造改革と日本経済』(岩波書店)、『いまこそ、ケインズとシュンペーターに学べ』(ダイヤモンド社)ほか。

第二章 現役世代をどう支えるか

濱口桂一郎／湯浅 誠／宮本太郎

日の当たらない現役世代

宮本太郎　前章の議論から、社会保障が雇用を拡大していくことができれば、経済成長につながるという手応えを得たのですが、現実の雇用の状況は非常に厳しいですね。

完全失業率は5・1％（2010年10月時点）ですが、15〜24歳の若年層に限って見ると9％台に跳ね上がる。しかも、そのうち非正規雇用の割合が3分の1に上り、質の面でも良くありません。

そもそも失業率は、職探しをしている人を母数に、どれぐらいの人が職にありつけなかったかを示す数値ですから、職探しをあきらめてしまった人は勘定に入っていない。例えば、外で働くより専業主婦の方がいいと戦略的な判断をした女性たちや、就活で失敗を重ねて挑戦する意欲を失ったような人たちの数は失業率ではつかめないのです。

どれだけの国民がアクティブに社会とつながりを持って働いているのかを見るならば、就業率が指標になる。就業率は生産労働人口（15〜64歳）のうち職業に就いている人の割合ですが、日本は70・1％（2010年）で、米国やヨーロッパの主要国に比べて低いのですよ。日本の失業率は欧米諸国より低くてマシだなどと言って、安心してはいられない。

図表2-1　社会保障支出の割合・国際比較

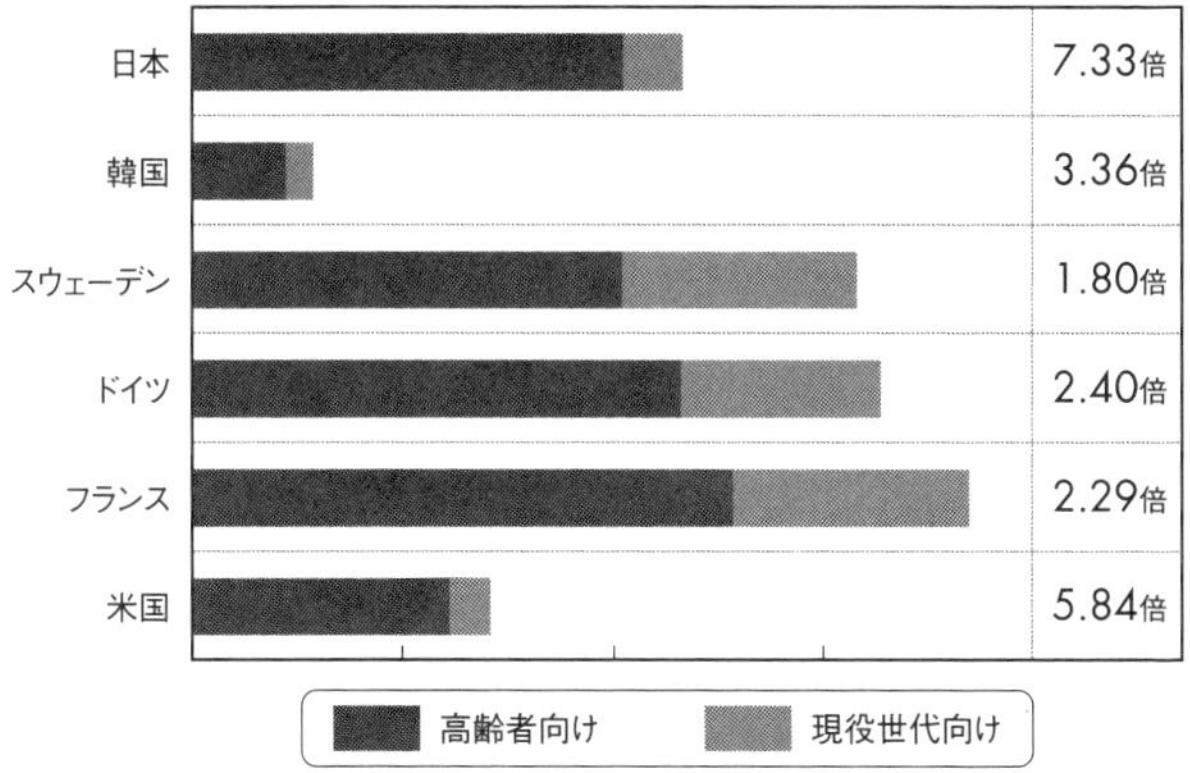

出所：OECD Social Expenditure Database 2008

では、働きたいけれど働けない現役世代の人に対する社会保障のサポートはどうなっているのでしょうか。

失業給付や公的職業訓練、子育て支援など現役世代向けの支出と、年金や介護を主体とする高齢者向け支出のバランスについて、各国の社会保障を比較したデータ（図表２―１）があるのですが、日本は高齢者向けが現役世代向けの７・３３倍と、主要国のなかでも飛び抜けて高い。スウェーデンが１・８０倍、高めの米国でも５・８４倍というような水準です。

さらに現役世代向け支出のうち、職業訓練など積極的な雇用支援に関する支出に絞ってみると、日本の場合はＧＤＰ比で０・０４％

に過ぎない。これはOECD（経済協力関発機構。欧米主要国を中心に34カ国が加盟）の加盟国平均の4分の1なのですね。頑張って雇用の場に戻ろうとする人たちを支えるにはあまりにもお寒い現状です。

日本の社会保障の中身が高齢世代向けに偏ってしまった理由は前章でも触れた通りで、高度成長期以来、現役世代は終身雇用、年功賃金など雇用保障のおかげで、社会保障のお世話になるリスクが低かったからですが、雇用環境の悪化で、そんなわけにいかなくなった。その結果、サポートを受けられない人々はさまざまな問題を抱えるようになっている。

特に、若者たちが就労の場からはじかれてしまうということは、単に所得の問題だけではありませんね。日本の場合、若者を大人にする学校は会社でした。背景には前章で論じた会社をつぶさないしくみがあった。学校教育はできるだけ無味乾燥なことを教えて自己管理力のような「基礎体力づくり」をする。その上で、会社が社会で実際に役に立つことを、コミュニケーションのしかたから仕事についての知識まで、本格的に教える。だから正社員として就職できなければ、そうした機会や場を失い、いつまで経《た》っても雇用のメーンストリームに入れず、境遇が固定化してしまう心配があるのです。

非正規──参加しているのに排除されている人々

濱口桂一郎 今回のテーマは「全員参加型社会を実現するにはどうしたらいいか」ということですから、少し皮肉な言い方になるのですが、日本はかなり以前から今日に至るまで、基本的には「全員参加型社会」だったと思うのですよ。

というのは、ヨーロッパ諸国では無業者や失業者が多くて、これをなんとか労働市場に参加させようとする政策がとられているのですが、それに比べれば、日本では労働市場に参加している人は多いのです。しかし、参加していながら、そのなかで排除されている人が多い。それが現在の非正規労働の問題です。

日本では、正社員として会社に採用されると、残業、休日出勤、また転勤をいとわず、懸命に働くことになっている。その見返りに会社は終身雇用、年功賃金で社員の生活を保障するわけです。新入社員は会社のなかで鍛えていくから、なまじ何かのスキルや社会経験があるよりも、「白紙状態の方が会社の色に染めやすくていい」と言われるぐらいですよね。正社員であれば、会社による手厚い生活保障があり、定年まで公的な社会保障は薄くても心配ない。

非正規社員については、以前からたくさんいたのですが、主婦のパートタイマーや学生アルバイトが中心で、低賃金で多少不安定な雇用でも、夫や父親が働いていれば、生活不安に陥ることはなかった。むしろ、賃金が高くなると税金の控除がなくなったりして具合が悪いのです。

つまり会社は、パートなどの非正規社員の待遇は抑えているが、その分、正社員については世帯単位で面倒を見てきたし、それを国も支えてきた。それでうまくいっていたのですね。

しかし、20年ほど前から徐々に、こうした日本的雇用は崩れていきました。「壊れてしまった」というより、「縮小した」という表現の方がふさわしい。縮小して、正社員になりたい人が非常になりにくくなり、かつての雇用の恩恵を受けられない人が出てきた。そこに現在の雇用システムの問題があるのです。

湯浅誠　濱口さんとほぼ同様の認識なのですが、私は「3つの傘」という言葉で説明しています。それは家族の傘、企業の傘、国の傘の3つです。つまり、パートやアルバイトで働いていた人も、以前は男性正社員が家族全員分を稼げたので、その傘の下にいれば生活に困ることはなかった。その男性正社員は企業の傘の下に、企業は国の傘の下にいて守られていた。しかし、この3つの傘がそれぞれしぼんでいったために、雨に濡《ぬ》れる人が増え

図表2-2　三層のセーフティネット

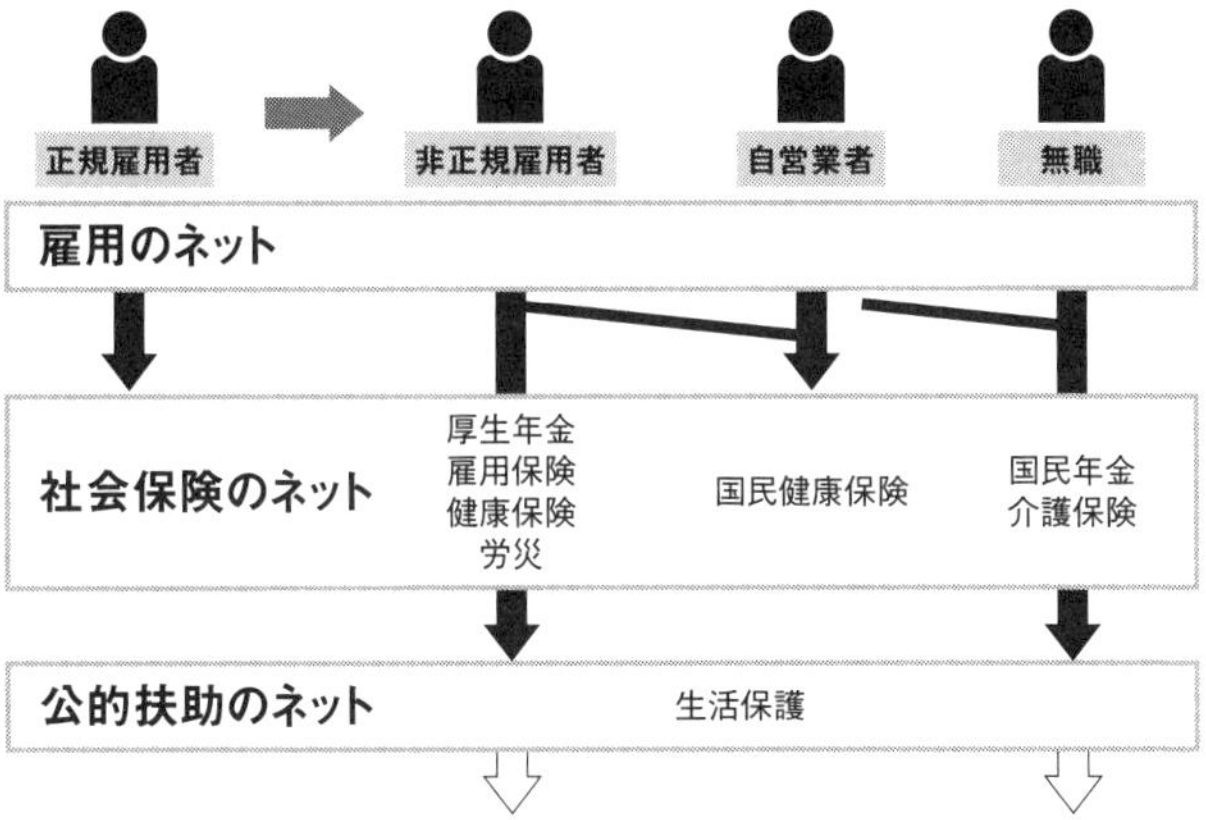

出所：東京新聞「生活図鑑」2007年3月25日付をもとに作成

たというのが現在の状況ですね。働いているけれど、企業の傘に入れない人が増えているということです。

かつての企業の傘とはどんなものだったのか。一例を挙げれば、サラリーマンだった私の父は37歳で家を建てたのですね。若いうちは給料が安くても社員寮がある。結婚してアパートを借りても住宅手当があり、お金を貯められた。家を買うときも、会社勤めの信用で銀行がローンを組んでくれた。給料だけではなくて、こういう福利厚生的な面も今では、どんどんしぼんできているのです。特に非正規の人たちは、半身以上が傘の外に出ていて雨に濡れている、と言ってよいでしょう。

非正規雇用者の不遇は、社会のセーフティ

ネットの面からも見てとれます（図表2―2）。一般的にセーフティネットは「雇用のネット」、厚生年金や雇用保険などの「社会保険のネット」、そして生活保護などの「公的扶助のネット」と三層構造になっています。

非正規雇用者は賃金も安く、雇い止めによる失業のリスクも高いので、「雇用のネット」からこぼれ落ちやすいのですが、さらに、雇用主がコスト削減で雇用保険に正しく加入していないために失業給付を受けられない、ということも多く、「社会保険のネット」からもこぼれやすい。つまり、正規雇用者が「雇用」と「社会保険」のいずれのネットでも一定の保障を受けられることを考えると、失業のリスクの高い人ほどサポートが受けられない、という皮肉な状態になっています。非正規の人が失職すれば、サポートは何もないままに、一気にホームレスという可能性がある。こうした境遇のまっさかさまな転落ぶりを、私は「すべり台」と呼んでいるのですね。今の日本は「すべり台社会」なのです。「傘の下」にいる人は、こうした雨に濡れている人の不遇に気づきにくくて、「きちんと就職して結婚し、子どものいる人もいるのに、何をしているんだ」と冷たい目で見る。だから非正規雇用の人たちは、単に経済的に不利というだけでなくて、「世間体が悪い」と見られて、そういう意味でも「排除された存在」になってしまっている。

図表2-3　年齢別未婚率の推移

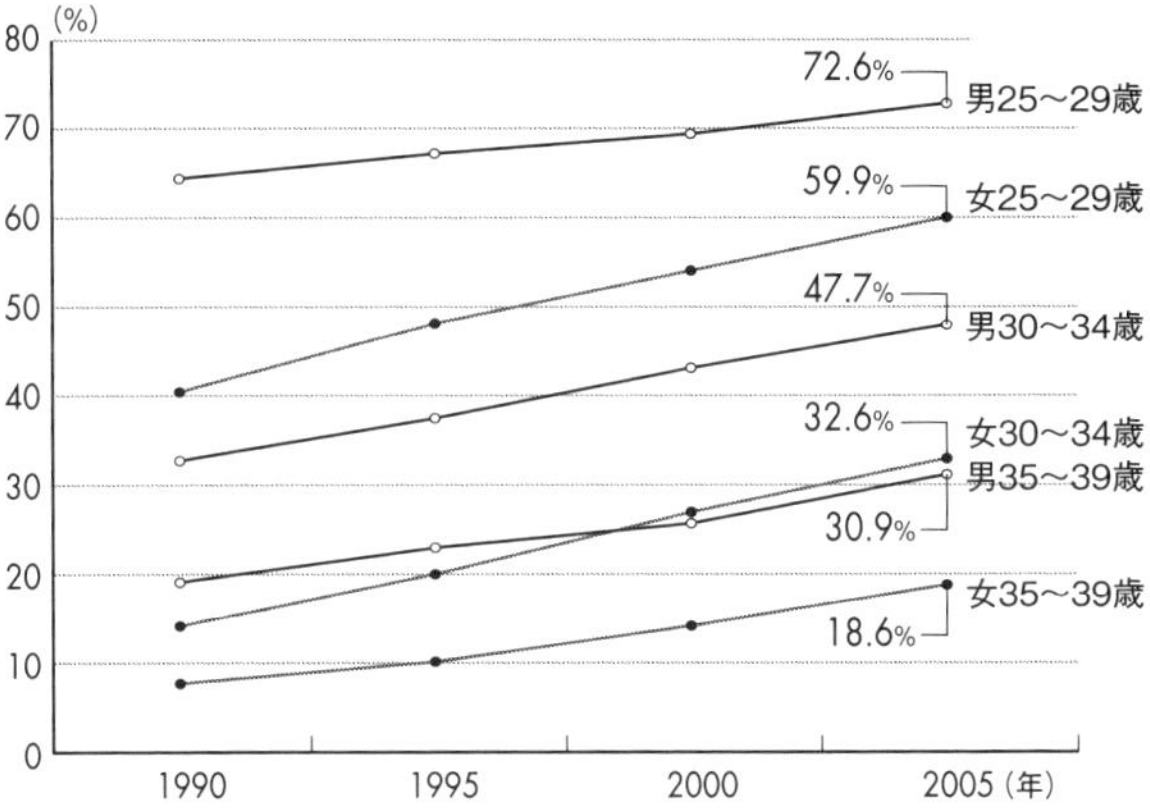

出所：総務省統計局「国勢調査」

未婚率が示す「中流」の崩れ

湯浅　傘がしぼんでいくほどに雨に濡れる人は多様化しています。貧困はもはやホームレスやネットカフェ難民の問題ばかりではなくて、中流層の崩れにもつながってきていますが、それを示すのが未婚率です。

　国勢調査に基づいた「未婚率の推移」（図表2―3）を見ると、1990年以降、25～39歳男女のいずれの層も上昇傾向にあります。そのなかで、男性30～34歳の未婚率は47・7％（2005年）で、90年から5年ごとに5ポイントずつ伸びていますから、おそらく近い将来に5割を超えるでしょう。

　この人たちは普通の勤労者が大半でしょうが、20代を正規雇用が減っていく厳しい時期に送り、30代になっても世帯形成ができないという人が多い。つまり、かつてなら、通常の就職を通じて中流層になっていたところを、はしごをどんどん外されて、なれないままになっている人が増えているのです。

もちろん、未婚の背景は経済的理由だけではなく、本人の選択の問題があるでしょう。しかし、別の調査によると、東京在住の未婚女性25〜34歳を対象に「結婚相手の年収にいくらぐらいを求めるか」を聞いたところ、「年収400万円以上」の回答が7割を占めています。しかし、実際の同年齢層男性の、残業代などを除く所定内給与を見ると「400万円以上」は全体の2割もいない。

女性たちにとっての「いい男」の条件には、やはり経済的条件も入っているのでしょうが、こういう状況を見ると、望んで「結婚しない」のか、あまりにも現実が厳しくて「結婚できない」のか、よく考える必要があると思います。

宮本 確かに、東京大学社会科学研究所教授の佐藤博樹さんは、『結婚の壁—非婚・晩婚の構造』(勁草書房、2010年)のなかで、結婚相談所での相談内容の調査分析から、正規雇用の減少が結婚の出会いを減らしていること、非正規雇用の女性が結婚相手に求める年収を稼げる男性はどんどん減少し、いわば「お見合い不成立」が増えていることを実証的に示しています。濱口さんが言われたように、これまでの非正規つまり主婦のパートや学生のアルバイトは、「家族に根ざした非正規」だった。ところが今現れているのは「家族を持てない非正規」なのです。この「家族を持てない非正規」の人々が高齢化していくと、高齢社会は深刻なことになります。介護保険だって高齢者に家族がいることを前提に設計されているのですから。

湯浅　念のために言うと、「女性たちはぜいたくだ」と非難する気はないのです。

非正規の女性には出産・子育てを機に仕事を辞めざるを得ない人が多いので、「結婚相手には、それなりに安定した仕事に就いていてほしい」と願うのは自然なことですね。だから、女性たちにとっての「いい男」の条件は、女性の就業率や働き続ける条件づくりという社会的な問題につながっているのです。

生活費が軽くなれば雇用は変わる

濱口　確かに非正規は家族を養えない。正規雇用者と非正規雇用者の月額賃金について年齢階級別で見ると（図表2—4）、正規は50代をピークに山型になっていますが、非正規は低い水準でベタッと水平になっている。年齢が高くなっても賃金が上がらず、いつまで経っ

図表2-4　年齢階級・雇用形態別賃金

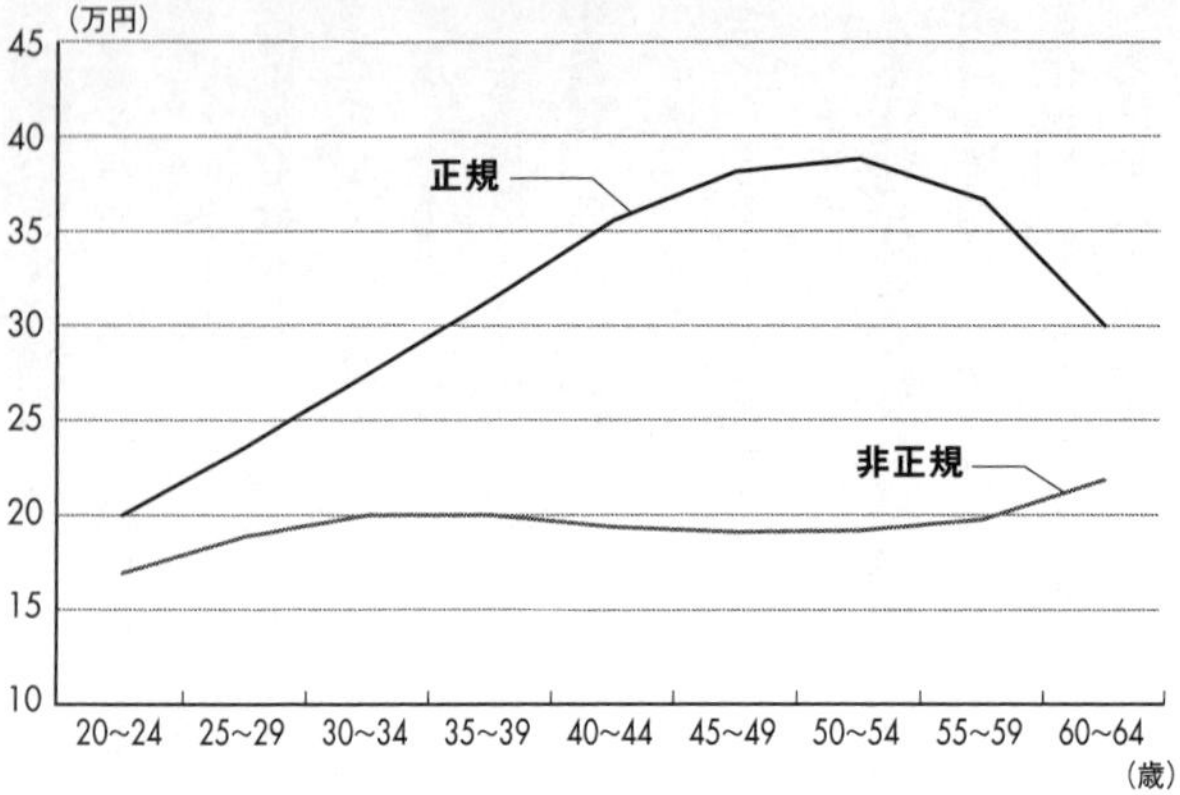

注：ここでの「賃金」は、2009年6月分の所定内給与額。

出所：厚生労働省「平成21年賃金構造基本統計調査」

ても安アパートで一人暮らしするのがやっと、というのが実態です。

正規・非正規の二極化による正社員体制の崩壊は、1995年に当時の日経連が発表した「新時代の『日本的経営』」というレポートのせいだと言われるのですが、このレポートが提唱したのは、企業のコアとして働く正社員の数を縮小して少数精鋭にし、それ以外のところでは非正規雇用でやっていく、ということだった。必ずしも正社員体制を壊すことが目的ではなかったのです。

ただ、日本の正社員は世界的に見ても特殊です。全員が管理職のようなもので、労働時間に際限がない。労働基準法に1日8時間労働がうたわれていても、それを守ると現実的には評価されない。それどころか定時で帰ろうとすると、上司から「おまえ、それでも正社員か」と言われてしまう（笑）。サービス残業、つまり残業手当も申請せずに5時以降も働くことが当たり前になっているのです。

その代わりに企業は一生面倒見るということで、そこに社会的なバーター取引が成立してきた。今後は、そうした取引の結び付きを緩和していく必要があると思うのですね。

そこで私が提案したいのは、先ほどのグラフの正規、非正規の2本の線の間にもう一つ線を描くような雇用形態をつくることです。つまり、正規雇用の側から言えば、生活費負担が軽くなることによって、会社から今ほど高い賃金をもらわなくてもやっていけるようにする。

では、誰がこの生活費を軽くしてくれるのか。ここに社会保障の出番があるのです。具体的には、現政権が進めてきた子ども手当や高校の授業料無償化がその一例で、教育費や住宅費などを公的に支えることで家計負担を減らすということです。これによって、非正規雇用者の生活も支えられ、世帯形成もしやすくなる。

子ども手当は、単に子どものためだけのものでなく、雇用構造に関係してくることなのですよ。

湯浅　教育費などを公的に支えることは基本的に賛成ですね。

国の教育ローンの利用者の動向について調べてみたのですが、10年ぐらい前は平均年収740万円ぐらいの層が中心だったのが、昨年あたりは570万円ほどの層になっているのです。子ども一人当たりの高校入学から大学卒業までの教育費は1000万円程度ということですが、おとうさんの収入は減っているのに教育費は減らず、むしろ増える傾向にある。「子どものためなら」と残業代を稼ぐべく頑張っているのが、日本のおとうさんの現実です。

あるデータによると、教育費と住宅費が家計の6割を占めているという世帯が、4世帯に1世帯の割合に上っているということですから、こうした費用は現役世代にとって大きな負担なのです。

濱口さんのお話に類似するのですが、ここで正規雇用者と非正規雇用者の年間平均賃金の年齢推移（図表2―5）を見たいのです。ここに家計支出の年齢推移を表す「支出ライン」を入れてみたのですが、これは親の年齢とともに子どもが成長すれば教育費がかさむということで山型のカーブを描きます。

正規雇用者の賃金は「生活給」と言われるように、一家全員分の生活費をカバーすべく、

図表2-5　年齢階級・雇用形態別賃金（年額）と家計支出

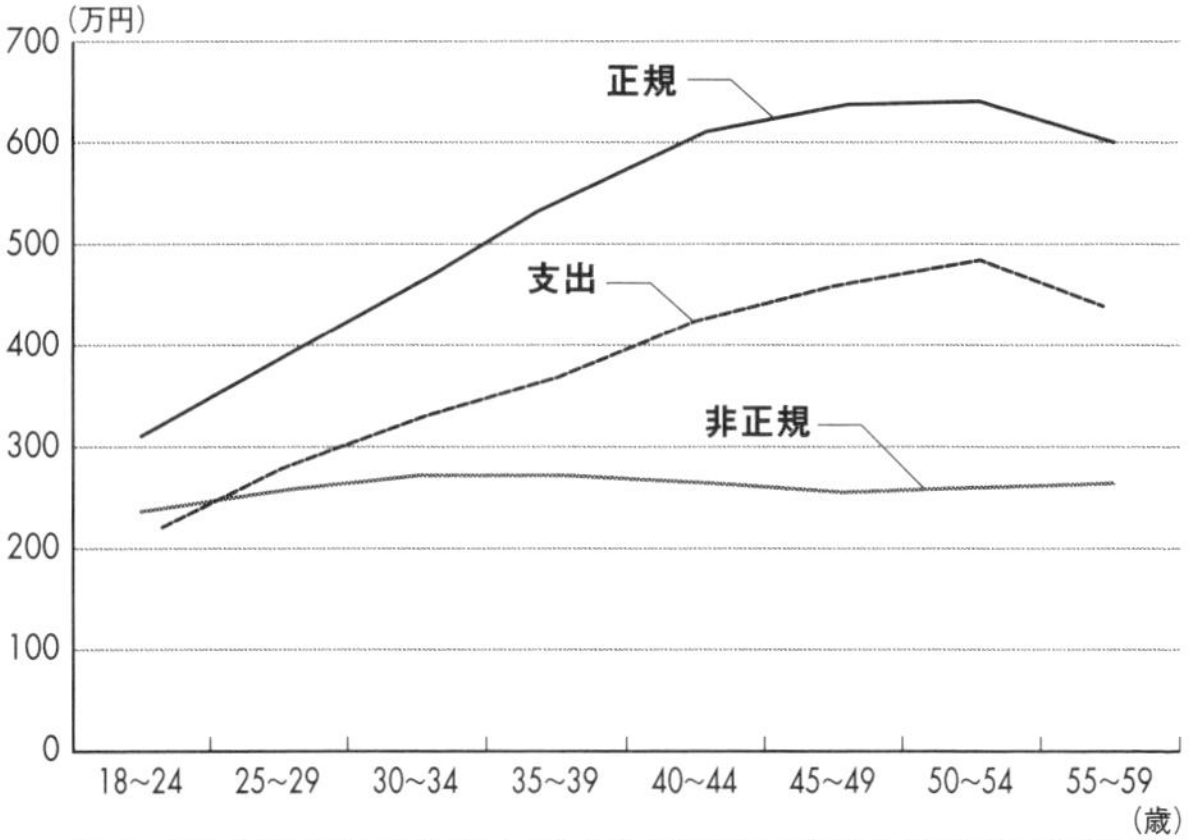

出所：厚生労働省「平成20年賃金構造基本統計調査」と総務省「平成20年家計調査」から作成

「支出ライン」と並行して同様のカーブを描きますが、非正規雇用者の賃金には山型カーブがない。また、正規雇用者の賃金も上がらなくなっているので、支出増に収入が追いつかなくなって家計が回らなくなっている人は多いのです。教育ローンや住宅ローンなどで借金まみれになっている人はどんどん増えている。

　これを改善するためには、正規と非正規の格差をなくしていくのと同時に、「支出ライン」を下げることが必要です。特に、子育て世帯について教育費や住宅費の負担を軽くしないと、子どもができても苦労させるばかりと思えば、ますます子育てに及び腰になる人が増えますね。

分裂した雇用をつなぐ「ジョブ型正社員」

濱口　これまでの正社員でも非正規雇用者でもない、新しい働き方のイメージとして私が提案したいのは「ジョブ型正社員」です。

今までの日本の正社員は「○○社の社員」という、いわばメンバーシップ最優先で、仕事の中身は決まっていないのですね。「雇用安定・職業不安定」と冗談めかして言われるぐらいで、会社に命ぜられれば何でもする、どこにでも行く。だからこそ会社は一生面倒を見て、家族もハッピーだったわけです。

また、日本は企業が社員を解雇することが難しい国だと言われていて、確かに大企業が整理解雇するための要件は非常に厳しいのですが、一方では、「転勤を命じられて介護を理由に拒否した社員が解雇されるのはやむなし」という裁判所の判断が出ている。このあたりに、働く場所を選べない日本のメンバーシップ的雇用の過酷さがうかがえるのです。正社員であれば、会社に生活を保障されている分、相当厳しい条件でも耐えなければならない。

さらに、近年は非正規雇用の職員が増える職場のなかで、正社員に対する会社の要求水準は明らかに高くなっていて、社員はへとへとに疲れ切っている。これも大きな労働問題です。

非正規雇用者も期間雇用が多く、先行きの見通しのつきにくさから、会社の要求に対して、本来義務にないことまで「何でもやります」ということになりやすい。しかも、会社の言うことを聞いても正社員のように、はっきりしたメリットがあるわけではない。

こうした会社と個人の関係や労働環境を変えていくためには、「メンバーシップからジョブ型正社員へ」の改革が必要だと思っています。「ジョブ型正社員」とは、雇用契約において、職務（ジョブ）、労働時間、就業場所は定めているが、雇用期間は限定がない社員を指します。つまり、どこの会社に勤めるかというのではなく、どんなジョブをするかに立脚した正社員ということで、「会社のなかでするべき仕事がなくなっても、一生面倒見てあげる」という保障はない代わりに、転勤や時間外労働に応じる義務もない。また、ジョブがある限りは10年でも20年でも雇用され続ける、ということになります。こうした正規と非正規の中間的なポジションを設け、双方から移行できるルートがあれば労働者も安心して人生設計できるようになり、企業の負担も軽減できるのではないかと思います。

そもそも欧米では、日本のように正社員全員を査定して給与に差をつけるということはなく、一部の管理職以外は、同じジョブであれば給料も一定で働いているのですよ。賃金もそうしたジョブ本位で考えていく必要がある。

もっとも、長い間、年功賃金が普通だったわけですから、移行期には賃金低下でショックを受ける人も出てくるでしょうね。

ですから、「ジョブ型正社員」実現には雇用システムだけではなく、公的生活保障システム、教育訓練システムと合わせて三位一体で時間をかけて取り組むことが条件になります。公的な環境整備が先行しないと難しいのです。

宮本　日本の現状では、雇用は正規雇用と非正規雇用の2つの世界に、あまりにもはっきりと分裂してしまっていますね。生涯年収を見ても、男子の正規は平均2億7000万円、非正規では9000万円と、1億8000万円の差がある。

一方、労働時間では、正規は週60時間以上と長く、常に空気を読まなければならないストレスフルな世界に生きている。非正規は週30時間未満の場合が多いのですが、職場は荒涼たる原野のように、人とのつながりの希薄な世界です。この2つの世界を無理に統合しようとしても、あまり幸せな働き方は生まれそうにない。

そこで濱口さんが提言されているのは、その2つの世界にブリッジを架けて、第三の選択肢をつくろうというものなのですね。正規で疲れ果てた人は、生活スタイルを変えてみようとジョブ型正社員に移っていく。非正規から脱して、会社ともっと関係を深めたい人は、正規への第一歩としてジョブ型正社員という道を選ぶ、という具合です。

濱口さんご提案のジョブ型正社員は、2つに分裂した日本の雇用を一つにつないでいくための架け橋になり得るものだと思います。

〈職場〉〈家庭〉〈福祉〉のバランスを組み替える

湯浅 正規も非正規も両方きつくなっている。にもかかわらず労働時間などの調整がつかないということですよね。こうした状況を乗り越えるためにも、ここで改めて「全員参加型社会」の意味を確認しておきたいのです。「全員参加」ということは、男女両方を含むことはもちろん、障がいを持つ人、失業している人、あるいは不器用な人など、人間社会のあらゆる人が参加できる社会ということですよね。
それを踏まえた上で提言したいのが「ワーク・ライフ・ウェルフェア・バランス」ということです。「ワーク・ライフ・バランス」は、仕事と家庭への関わり方について調和を図ろうという意味で最近よく使われる言葉ですが、私はそこに「ウェルフェア（福祉）」を加えて、〈職場〉〈家庭〉〈福祉〉の3つのバランスを見直そう、ということを言いたいのです。

具体的にどういうことなのか、一般的な女性の生き方を例に考えてみます。

まず、自分の生まれた〈家庭〉で育ち、学校を出て〈職場〉で働くことになりますが、結婚して子どもが生まれると、そのうち7割近い人は子育てのために〈家庭〉にいることになります。子どもの手がかからなくなってくると、再び〈職場〉で働くのですが、そのうち9割は正規雇用ではなくパートタイマーです。

子育てとの両立を図るならば、多くの場合、パート労働しかない、ということになるのですが、もし子どもが生まれても辞めずに正社員として働き続けていれば、生涯賃金はどれぐらい違うのか。内閣府の試算によると、辞めた場合に比べて約2億2000万円増えるということです。今回の議論の文脈で重要なのは、こうした生涯賃金の損失は個人の問題にとどまらず社会の富の問題でもあるということでしょう。

では、働き続けたい女性が出産・育児で中断せずに働き続けられるようにするには、どうしたらいいのか。それは、女性が家事責任にしばられないように、福祉の充実で保育を十分カバーすることですね。しかし、都市部では保育所不足で待機児童が問題になっています。子どもを預けられないとすれば、女性は〈家庭〉にとどまらざるを得ない。

介護に関しても同じ状況があります。介護を理由に仕事を辞める人は、年間約十数万人いますが、その多くが女性です。女性の就業率を上げようにも、今はあまりにも〈家庭〉にしばられ過ぎている。保育や介護に関する〈福祉〉を充実することで〈職場〉〈家庭〉〈福祉〉のバランスを組み替えることが必要です。

さらに、障がいを持つ人に対する〈福祉〉も手薄で、〈家庭〉の負担は大きい。

例えば、発達障がいの人の場合は、障がい認定されたのが最近ということもあって、多くの場合、福祉に支えられることなく、学校を出て〈職場〉で働く人が多いのです。しかし、他の人と同じような競争条件で働くことは難しいので、結局、〈家庭〉に戻らざるを得なくなる。30〜40代になっても〈家庭〉で親の生活費が頼りということになり、親の高齢化が自分の将来不安につながっていく。〈福祉〉に支えられて、そこから〈職場〉につながるようなルートがあればいいのですが、そうはなってはいないのです。

実は日本の障がいを持つ人の数は人口比で、EU諸国平均の3分の1にしかなりません。それは認定される障がいの範囲が狭いからです。しかも、障がい者の雇用支援に関する社会保障費はGDP比で0・007％に過ぎない。これはオランダの80分の1です。障がいを持つ人にとって〈福祉〉の助けも小さく、〈職場〉への道も遠いということになっている。やはり、〈家庭〉で抱えるしかないのです。

ですから、親が亡くなるなどして、いよいよ〈家庭〉で支え切れないようになると、一気にホームレスになってしまう例も少なくない。ホームレスの人たちのうち、3～4割を占めると思われるのが障がいを持つ人たちです。

女性や障がいを持つ人はもちろん、本当に全員が参加できる社会を実現しようとするならば、これまであまりに集中していた〈家庭〉への負担を分散すべく、「ワーク・ライフ・ウェルフェア・バランス」を積極的に組み替えていくことが不可欠です。

自己責任を問える社会になっているか

湯浅　「ワーク・ライフ・ウェルフェア・バランス」の組み替えは、本当に大変なことで、今から取り組み始めても、30～40年ぐらいはかかるのではないでしょうか。

しかし、そうした改革をしないと、30～40代の単身・非正規の人は高齢の親と一緒に暮らすしかなくなり、結婚もできないし、親にもなれないというような現状が続き、さらに少子化が進んで社会の存続さえ危ぶまれるでしょう。

日本の合計特殊出生率は1・37（2009年）ですが、これはどうにもならない状況ではありません。先進諸国の多くが少子化問題にぶつかるなかで、どうしたら家庭を持ちたい人が持てるか、いろいろと環境を整えるべく、対策を講じてきた。フランスは出生率を2まで上げたし、多くの国が1・8ぐらいの水準にもっていったのですね。

日本もあきらめないで、〈職場〉〈家庭〉〈福祉〉のバランスを組み替え、「全員参加」の条件を整えることで社会を全体として活性化していくことを目指すべきでしょう。

「全員参加」と言うと、社会参加は個人の意志次第で、「参加しない」あるいは「参加できない」のは自己責任だという考え方もあるかもしれません。しかし、現在の社会は、個人の自己責任を問えるだけの条件をつくっていないと思うのですね。「ここから先はあんた次第だ、頑張りなさい」というような、一定の条件整備ができていれば、社会と個人の真剣勝負は成り立つと思うのですが、そうはなっていない。

例えば、完全失業者数は334万人もいて、非労働力人口のなかに含まれている人で「働きたい」という人は467万人もいる。このうち、100万人は「子育てや介護があるから、今は働けない」という人たちです。この人たちに「死ぬ気になれば働けるはずだ」と言っても、働ける条件はあまりにも整っていない。必要な条件が整えられた上で「あなたが働いてくれないと社会がもたないのだから、頑張ってね」と言われるのなら、わかるのです。ただ「頑張れ」と言われても現実にはどうしようもない。

現在のように、後だしジャンケンのように公的支援を出し惜しんでいたら、ますます疑心暗鬼が渦巻いて、社会は活性化していかない。貧困は拡大していくし、子どもも減っていく。社会としての閉そく感は膨らむばかりだと思うのです。

個人と社会の真剣勝負

湯浅　私が現在、内閣府参与としてかかわっている「パーソナル・サポート・サービス」は、失業などで窮地に追い込まれた人を対象にした、寄り添い型の個別支援です。

日本の職場では、メンタルヘルスの不調をきたすなど、さまざまな問題を抱えて職場からはじかれる人たちが増えていますね。引きこもりやニートの問題、また生活保護世帯の増加もこうしたところに関係しているのですが、〈職場〉と〈福祉〉の連携がないために、そうした人たちの社会参加を支えていくようなしくみがない。そこをサポートする社会的サービスをつくっていこうとしています。

困難を抱える人には、失業だけでなく、心の病気や多重債務、家族間のトラブルなど複合的な問題に苦しむ人も多い。ハローワークに出かけて職探しすれば済むというわけではなく、一人ひとり事情は違う。以前は、家族など身近な人が相談役を果たしていたのでしょうが、家族の高齢化や低所得化で身内の助けを得られない人が増えているので、社会的サービスの必要性は増しているのです。

具体的な取り組み方は、モデルプロジェクトによって多少異なるのですが、横浜市で行っている例では、地域のNPOが窓口になって困っている人の相談を受け付け、サービスが必要だと判断した人についてコーディネート役を紹介します。複合的な問題を持っていれば、福祉事務所や社会福祉協議会など関連機関をたらい回しされることがあるのですが、そこをコーディネート役が寄り添って一元化することで、効率的なサポートができるのです。

コーディネート役には、福祉や社会的サービスに関する最低限の知識は必要ですが、特別な国家資格は必要ないでしょう。困った人をなんとかしようと、福祉関連の機関を走り回ったような経験が数年でもあれば、対応可能だと思います。

正式な人材育成のプログラムづくりはこれからですが、社会福祉士や精神保健福祉士などの資格を持っている人に、キャリアコンサルタントなどのノウハウを研修で学んでもらうことで、人材の幅を広げていけるのではないかと思っています。

こうした個別支援のシステムは、ヨーロッパ諸国では一般的です。もちろん、公的な費用負担が必要なので賛否両論あるようですが、長期的に見れば、社会のコストは安くて済むのですね。

私自身も困っている人の例をたくさん見てきたのでわかるのですが、困難な状態を放置して、本当に働けなくなってからではサポートが難しい。早い段階で支援すれば、もう一度社会参加できて、働いて税金を払えるまでに立ち直ることができる。ヨーロッパ諸国では、こうした個別支援の導入が長期的には社会にとってプラスだという試算結果がいろいろな研究で出されていますし、一応の社会的合意は得られているのです。

社会が個人を放置する自己責任論でもなく、個人がひたすら社会に依存するかたちでもない。それぞれの人ができることは何か、社会は何をどこまでするべきか、個人と社会が真剣に向かい合い、詰めていく、いわば「個人と社会の真剣勝負」が求められていると思います。

セーフティネットをつくり直す

宮本　お二人の提言は、高齢世代に偏っていた日本の社会保障を現役世代に向けていくという点、またそのことを通して正規と非正規という日本社会の分断状況に対処していこうという点では同じ方向を向いたものであると思います。ただし、視点はやや異なるので、まとめの意味で整理させていただくと、まず濱口さんは、雇用のしくみという点では「ジョブ型正社員」の導入、そして社会保障の今後の方向性については「代替型から補完型の社会保障へ」というご提言だったと思うのですね。

後者から言えば、これまでの社会保障は、それだけで生活できる賃金が保障されていることを前提に、失業したり病気になったりしてその所得が中断したときに、その所得にほぼ見合った給付を行い雇用保障を代替するものでした。これに対して補完型というのは、正社員の賃金が下がっても、例えば夫婦共働きでそれぞれ年収300万あれば十分に生活できるように、子ども手当や教育費、あるいは住宅などを公的にカバーするような社会保障にしていく、ということです。

企業の側から見た補完型は、今まで一切合財、面倒を見てきた正社員の生活費について、そのコストの一部を外部化していくことを意味します。現在、政府は法人税を5%下げようとしていて、それが企業の負担を軽くし競争力を高めていくことにつながればいいとは思うのですが、同じ負担を下げるなら、社員の勤労所得というかたちで企業が負担してきたものを外部化して身軽になり、社員との関係をある意味でドライなものにしていく、という方法もあるわけです。社員も「この会社は自分の能力を発揮できるところではない」と思えば、離れていきやすい。

この補完型保障は、正規と非正規の分断をいわば雇用の外から修復していくことにつながると思いますが、雇用のなかからこれを修復していく処方せんとしては、濱口さんが提案される「ジョブ型正社員」という雇用形態が有効です。会社も契約した仕事が終了した段階で社員を解雇することが可能になる。働く側も正社員として高い生活コストをすべて稼ぎ出すか、非正規として見通しの得られない生活に甘んじるかという二者択一に落ち込む必要がなくなります。

これに対して湯浅さんの提言は、「ワーク・ライフ・ウェルフェア・バランス」すなわち社会保障あるいは福祉と生活と雇用の連関にかかわるもので、セーフティネットとしての社会保障に、生活や雇用に跳ね戻るトランポリン的な機能を持たせようということです。「セーフティネット」は、サーカスの綱渡りの下に張られたネットの比喩ですが、トランポリンというのは、ただ、下で受け止めるばかりでなく、さらに跳ね上げて社会参加できるように戻していくということですね。

綱渡りの綱が雇用で、福祉がネットだとすると、日本はかつて綱が頑丈だったり、本数が多かったので、ネットは薄っぺらでもなんとかできた。綱の最後の端の方、つまり退職後ですが、そのあたりだけネットがしっかりしていればよかったのです。しかし、綱が細くなったり、本数が足りなくなったり、また途中で切れたりしたために、これまでのネットでは役に立たなくなったというのが現状です。

ただ、ネットを強くし、弾力性を持たせて跳ね上げることのできるトランポリンにするためには、コストがかかります。湯浅さんがかかわっているパーソナル・サポート・サービスについても、納税者の最大の関心はやはり、排除された人を助けることに一定のコストをかけて、きちんと元がとれるのか、ということですね。

私はとれると思うのですよ。公的扶助でずっと支えられることは、扶助を受ける人にとって幸せではないし、社会にとっても効率が良くない。そういう意味で、職場に跳ね戻すような機能を持たせることは大切だと思うのです。

ただ、トランポリンがきちんと跳ね戻す機能を維持していくことは容易ではない。長い目で採算を考えていく必要があるでしょうが、どこからどこまではコストが無駄になり、どこからは大丈夫なのか、といった線引きのしかたも問われていくと思います。

ことですね。

二重の課題を超えて

宮本 福祉の手厚いサポートがあったとしても、誰でも喜んで働く場に復帰するだろうか、働かずに公的扶助に甘んじたいという人もいるのではないか、という疑問もよく聞かれることですね。

私は人が一生懸命働くのは、本来、やりがいがあるからエネルギーを発揮するのだと思うのです。そうした仕事との深いつながりを持つ機会を多くの人が得られるようになり、能力を発揮しやすい条件がつくられることが大切で、それが本当の意味で、社会にとって効率的、ということだと思うのですね。

濱口 ヨーロッパ諸国では、福祉がある程度充実していたために、そこに安住して労働市場に出ていかない人が多いというのが、ここ数十年来の悩みだったのです。だから、労働市場に人を送り出していくためのトランポリン、つまり積極的な労働市場政策が必要なのですね。

日本の場合は福祉が手薄で、そこに安住できるわけではなく、失業すれば、いきなりホームレスという場合だってある。しかし、ヨーロッパ並みにただ単純に福祉を充実すればよい、ということになると、福祉に安住して労働市場に出てこない人が増えるという、ヨーロッパと同じ悩みを持つことになると思います。

日本の現状は、基本的な福祉とトランポリン的取り組みの両方がない。その二重の課題を抱えている、ということを指摘しておきたいですね。

宮本　今後の政策の視点として付け加えるなら、オランダ型として知られるワークシェアリングも必要な発想だと思いますね。

日本でも流動的な労働市場が、非正規雇用の拡大で生まれてきているわけですから、まずはここをきちんと支えて、社会に参加していけるチャンスを増やしていく。と同時に、ジョブ型正社員のような正規、非正規の間にブリッジを架けるような雇用形態をつくっていく、という2つの方向からアプローチすれば、客観的に見てワークシェアリングに近づいていくのではないかと思います。

「仕事を分け合うことは社会全体の利益にもなる」という考え方は、これまでの日本人にとって難しかったと思うのですが、これからさまざまな取り組みをするなかで意識も変わっていくのではないでしょうか。

［2010年12月16日］

濱口桂一郎《はまぐち・けいいちろう》

独立行政法人労働政策研究・研修機構　労使関係・労使コミュニケーション部門統括研究員（労働法・社会政策）／１９５８年大阪府生まれ。東京大学法学部卒業後、83年労働省入省。欧州連合日本政府代表部一等書記官、東京大学大学院法学政治学研究科附属比較法政国際センター客員教授、政策研究大学院大学教授を経て、２００８年より現職。主著に『新しい労働社会―雇用システムの再構築へ』（岩波新書）、『日本の雇用と労働法』（日経文庫）ほか。

湯浅　誠《ゆあさ・まこと》

反貧困ネットワーク事務局長、ＮＰＯ法人自立生活サポートセンター・もやい事務局次長／１９６９年東京都生まれ。東京大学大学院法学政治学研究科博士課程単位取得退学。１９９５年よりホームレス支援活動を始める。２００８年日比谷公園に「年越し派遣村」を開設し、村長として活動。２００９年に内閣府参与に就任し、翌年3月に辞任、5月に再任。主著に『反貧困―「すべり台社会」からの脱出』（岩波新書）、『岩盤を穿つ』（文藝春秋）ほか。

第三章　つながりは再生できるか

森　雅志／小林正弥／宮本太郎

進行する無縁社会

宮本太郎　安心の根底を支えるものに、人のつながりがあると思いますが、日本の場合、「社縁（会社縁）」がその大きな部分を占めてきたことは、前章でも触れた通りですね。

社員寮に住み、家族ぐるみで社内運動会に参加するという具合に、社縁が非常に濃密であるために血縁や地縁を吸収してしまった。つまり、家族や地域のつながりが希薄でも、なんとかやれてきたのです。ところが、この10年ほどの間に安定雇用の基盤が崩れると、頼みの綱だった社縁が流れ解散してしまい、現在は人のつながりの薄い「無縁社会」と言われるような危機的状況になっています。

それを示す現象はいろいろとあるのですが、例えば、一人暮らしの高齢者は全国に46 5万人（2010年）を数え、この15年間に2倍に増えています。特に女性の高齢者の全体の2割が独居ですが、これからは男性の高齢単身世帯が増大していきます。阪神淡路大震災の直後から、仮設住宅における孤独死が問題にされるようになりました。全国で誰にも見とられずなくなる65歳以上の高齢者は1万5000人を超えると言われています。

現役世代では、雇用環境の悪化が世帯形成に影を落としています。第二章でも提起され

図表3-1　友人や仕事を超えた知人とどれだけ会うか?

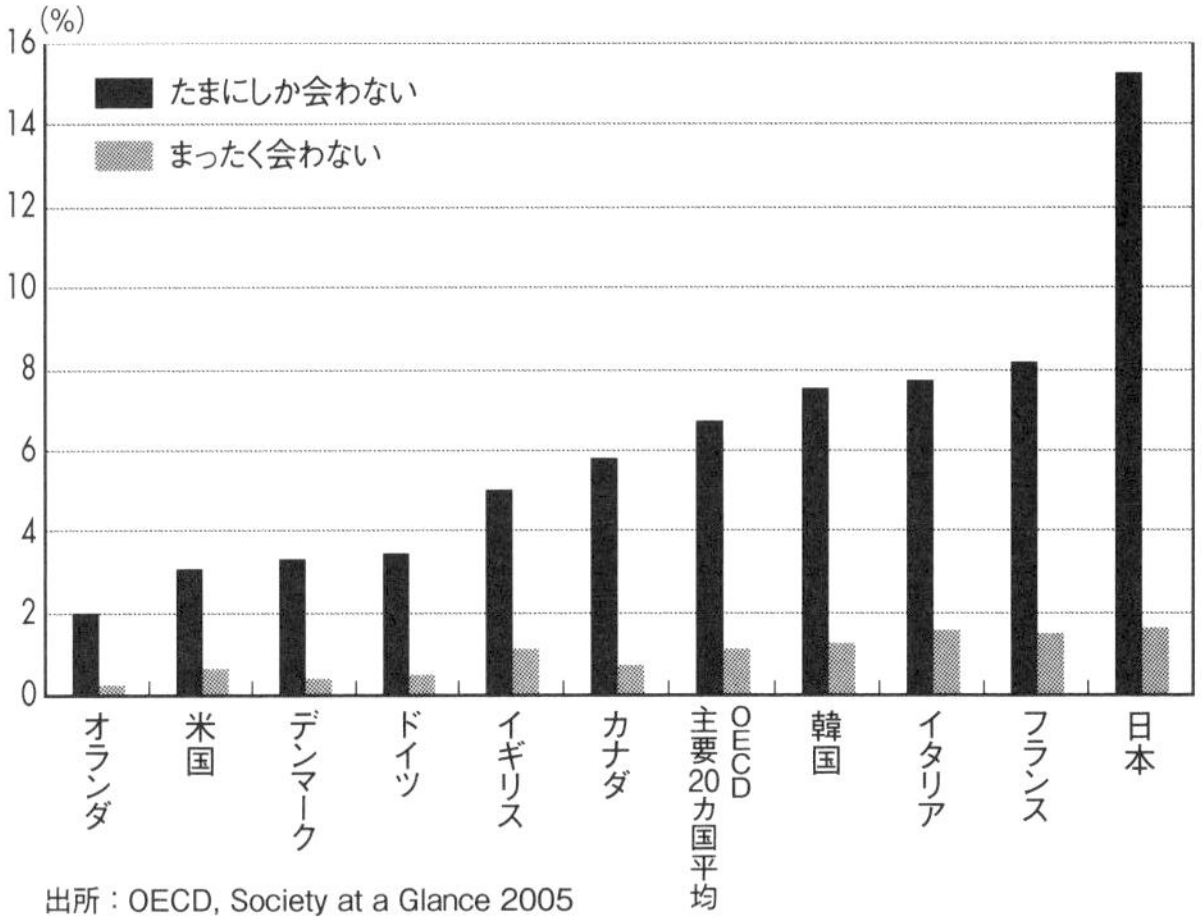

出所：OECD, Society at a Glance 2005

たように、非正規化による所得低下を背景に、全般に未婚率は上昇傾向にあり、ここ10年間、特に30〜34歳の世代で急伸している。こうした独身者たちが「独居老人の予備軍」になるのではないかと危惧されます。

日本社会の「孤立化」傾向は、諸外国と比較しても目立っています。OECD諸国の意識調査で「友人や仕事を超えた知人とどれだけ会うか」を聞いたところ、日本は「たまにしか会わない」という回答率が、他国を引き離して際立って高い（図表3―1）。家族、友人・知人を問わず、つながりの希薄な社会になっていると言えるでしょう。

内閣府の国民生活選好度調査（2010年3月実施）によると、「自分は幸せ」と感じている人の割合は、年齢層が高くなるにつれて減少しています。米国では高齢層ほど幸福感は高いという、別の調査結果が出ているのですが、日本は逆なのですね。

社会保障支出が年金など高齢者向けに集中していることでも、日本は諸外国に比べて特徴的なのですが、それを考えればなおさら日本の高齢者の幸福感の低さが気になるところです。

最近の「幸福」に関する研究においても、一定の経済力を持つと、それ以上の幸福感を決定するのは所得ではなく、人のつながりだということが言われています。

人のつながりは「社会関係資本（ソーシャル・キャピタル）」とも呼ばれて、多くの人が協力し合って問題解決していく際の力の源でもあります。ですから、つながりの衰退は経済の面でも損失だと言えるのではないでしょうか。

あらためて人のつながりやコミュニティの再生について考える時期に来ていると思うのです。

個人主義を問い直すコミュニタリアニズム

小林正弥　戦後の日本社会では、個人は伝統的な共同体から解放され、自立することが民主主義の基礎であるとされてきました。日本人にとっては共同体からの自立が、長く重視されてきたのです。

ところが近年になって、家族や地域をはじめ、さまざまな人のつながりが弱まり、「無縁社会」、「孤族」などという言葉が現れて、コミュニティのあり方を問い直す動きが出てきました。かつて強固だった家族や地域の共同体が弛緩《しかん》することによって生じる問題に、私たちは新しく直面しているわけです。

こうしたコミュニティの問題は日本だけのものではなく、もともと個人主義の国である米国では、すでに相当前からコミュニティの形成や崩壊に関する問題を抱えてきました。そのなかで「コミュニタリアニズム（共同体主義）」という新しい思想も生まれたのです。日本では、その代表的論者であるハーバード大学のマイケル・サンデル教授がテレビ番組や著書を通じて一躍注目されたこともあって、コミュニタリアニズムにも関心が持たれるようになったのでしょう。

「コミュニタリアニズム」は単純に翻訳すると「共同体主義」と訳されるのですが、日本の場合、「共同体」という言葉には古い封建的なイメージがしみついていて、復古的な主張と誤解されやすいので、私はあえてカタカナのままで呼んでいます。

米国で言われる「共同体（コミュニティ）」には、日本の戦前の共同体のような抑圧的なイメージはなく、自由と両立する緩やかなつながりを指しています。すでに日本でも定着したNPOやNGOなどもその主体の一つですが、そのなかで民主主義の担い手が育っていくような、多様な人のつながりを復興させようというのがコミュニタリアンの考え方なのです。

このように、コミュニタリアニズムは共同性、共通性を重視する思想なのですが、その基盤には、米国のこれまでの主流だった「リベラリズム（自由主義）」、あるいは「リバタリアニズム（自由原理主義）」への批判があります。

リベラリズムは自由を重視し、個人がそれぞればらばらの存在であることを前提にした政治や経済の考え方です。「人の価値観は多様であり、何を善とするかは個人の自由だから、公共的に決めるべきではない。政治や公共的な領域では、人間の生き方や価値について踏み込むべきではない」と主張します。

リベラリズムの一部には、経済成長や市場を特に重視する「ネオ・リベラリズム」と呼ばれる流れがあるのですが、これを政治哲学では「リバタリアニズム」と呼んでいます。

リバタリアニズムは、リベラリズムより経済的自由を強調する思想で、自分の生命や身体、それをもとに得た財産は自分だけのものであると考えます。したがって規制緩和や民営化論を支持、推進する政治思想でもあるのです。

こうしたリベラリズム、リバタリアニズムの制覇によって、戦後の米国はさまざまな深刻な問題に直面してきましたが、コミュニタリアニズムはそうした問題解決に挑戦しようとしています。

ただ、強調しておきたいのは、コミュニタリアニズムは個人の政治的自由を制限するものではないことです。あくまでその自由は大前提なのですが、「人間にとって何が善か、何が美徳なのかということを、開かれた場で論じ合うことなくして、今日の社会の問題は解決できない」という立場なのです。

宮本　今、米国や日本でコミュニタリアンの勢力というのは、具体的にどういう人たちであり、党派なのでしょうか。

小林　米国では戦後、共和党、民主党ともにリベラリズムの影響を受けていますが、レーガン政権以降、共和党ではキリスト教原理主義の影響を受けた硬直的な保守思想が台頭して政権を獲得します。そこでコミュニタリアンは、「こうした勢力が勝利するのは、善や価値についてきちんと議論していないからだ」とリベラリズムを批判したのです。サンデル教授もまた、その一人でした。

その後、そうした考え方に共鳴し、取り組み始めた最初の大統領がクリントンであり、本格的に展開しているのが現在のオバマ大統領です。コミュニタリアニズムは民主党の一部を占める進歩的な潮流になっていると思います。

日本では、鳩山由紀夫政権で「友愛」や「新しい公共」が提唱されて、そこにコミュニタリアン的な傾向が表れていたと思いますが、その後の菅政権には、そうしたところはないようですね。

地域を自発的に支える「万雑文化」

森雅志　「無縁社会」が進行している日本にも、まだこんなに地縁性、血縁性がしっかり残っている地域がある、ということで、私が市長を務める富山市の取り組みを紹介したいと思います。
富山市は全国水準より三世代同居率が高く、兼業農家が多いという特徴があります。もちろん、地域によって差があるので一概には言えないのですが、農村地帯を中心に、江戸時代から受け継がれてきた共同作業や共同負担の慣習がしっかり残っているのです。

その代表例が「万雑《まんぞう》文化」で、「万雑」とは、いわば特別な町内会費です。それぞれの家が、税金とは別個に、集落を維持するための財源として負担するのですが、負担額は「万雑割り」と言って、集落の長老格の人が各戸の資産や格式に合わせて割り振ることが普通になっています。各戸はそれに従って地域のために自発的に負担しますから、寄付のような意味合いもあるのですね。

お金の使い道は、街灯やカーブミラー、ごみステーションなど、地域のインフラに関する整備や修繕が主で、緑の羽根などの公共募金を地域で一括して出す場合などにも充てられています。ごみステーションなどは行政が一定水準の整備をしているのですが、市の設置に上乗せしてもっと便利にしたいというような場合に、集落で話し合って整えていくのです。共同作業も長老の呼びかけで、各戸から人を出します。例えば、田植えで水を引く時期になると、水路の一斉清掃を共同でやるのです。

このように家々が連携して集落を支えることが定着しているので、結果的に、全国水準より失火率がかなり低かったり、犯罪認知件数が少ない、また生活保護率が低いという、地域の安全安心に結び付いているのですね。

ただ、外から見ると、地域のつながりが濃密過ぎるのではないか、という懸念があるかもしれません。もちろん暮らし方は個人それぞれなので、それを無理にまとめようというようなことはないのですよ。

実際、今は農村地帯と新興住宅地とが隣接する地域も増え、以前よりはつながりは希薄になってきています。後から入ってきた住民のなかには万雑を受け入れない人もいるでしょうが、そうした家を排除しようという閉鎖性はないと思います。

まだ集落単位で祭りや運動会を行うところは多いし、老人クラブなど地域組織の結成率も高い。さまざまな交流を通じて、集落のためにみんなで負担し、協力していこうという「万雑文化」の気風は、今でも健在だと思っています。

小林　万雑の取り組みはとても印象的ですね。

コミュニティを再生させようとするときに、伝統的な既存のコミュニティを生かしたり、復活させたりすることはとても重要で、行政だけではできないことです。

富山市の万雑に相当するものは、本来、各地にあったもので、いわば地域の貴重な社会資本なのですね。例えば、万雑で長老格が各戸に割り振りをするということですが、こうした割り振りは行政ではなかなかできないことです。そこに信頼関係があるからできることなので、こうしたつながりがないと民主主義の基礎もできない。そういう意味で万雑の

図表3-2　富山市の同一年齢人口の経過（1969.4.2～1970.4.1生）

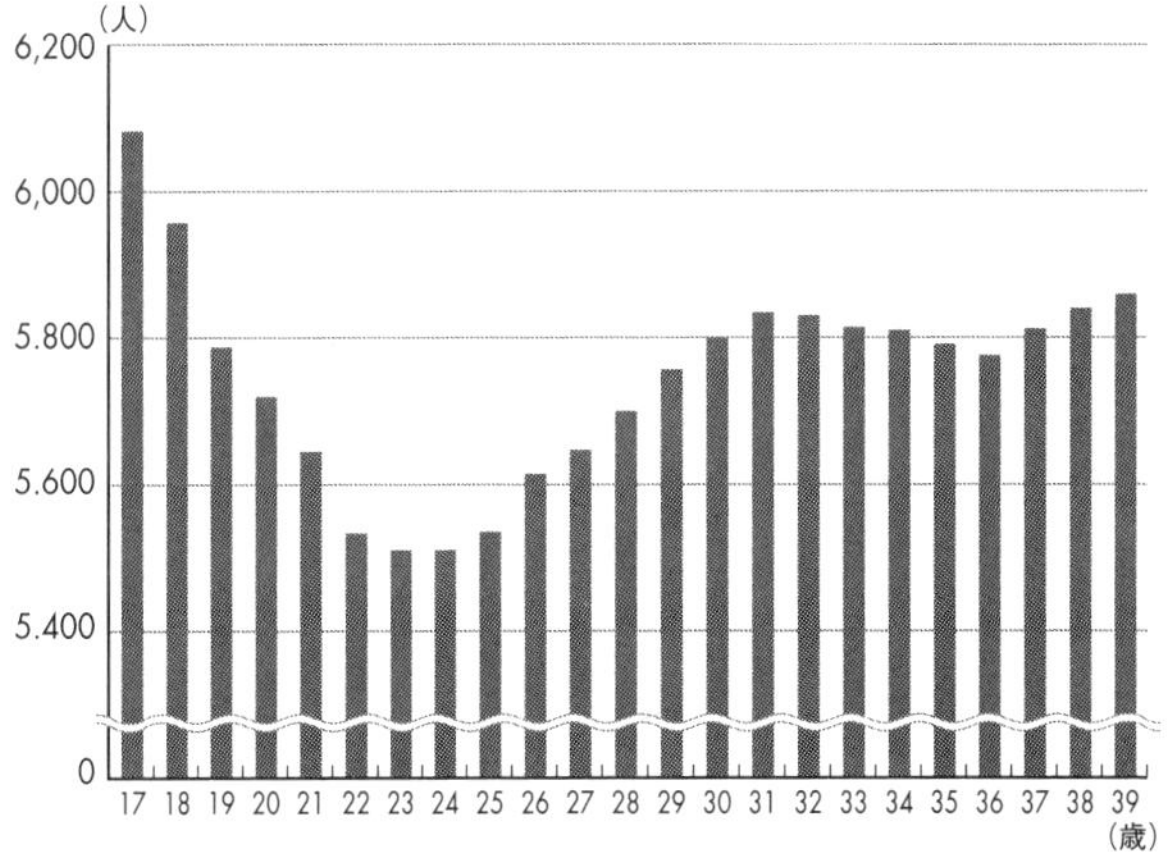

出所：富山市

機能は非常に大きいと思います。

新旧のつながりを生かした「富山モデル」

森　富山では、古い農村社会の地縁が雇用などの問題にも良い影響をもたらしています。

例えば、２００７年の総務省の統計によると、女性（15～64歳）の有業率は富山県が69・８％で、福井県と並んで全国１位です。また全般に雇用状況は良好で、15～64歳の県民に占める正規就業者の割合は全国１位で、７割を超えているのです。しかも、三世代同居と保育行政の充実で、富山市には待機児童はゼロなのですよ。

雇用とも深く関連しますが、富山市はＵターン者が多い地域でもあります。２年前に

「同一年齢人口の経過」（図表3―2）ということで、特定の年齢の市民（1969～70年生まれ）について、各年齢時の市内在住者数の推移を調べてみたのですが、17歳では6100人であったのが、20代前半では大学進学や就職で5500人程度まで減るものの、25歳以降、上昇に転じ、39歳では5900人近くまで増えているのです。

これにはIターンで新たに転入した人も含まれるのですが、地元企業の努力で雇用の受け皿が確保されていることもあり、「自分は長男だから家に戻る」というように、家や地域に対する愛着を持つ若者が少なくないことを示しています。

富山市は、行政が極めて地域密着を重視している点でも特徴的でしょう。

それを示すのが出先機関の数の多さです。「地区センター」と呼ばれる行政サービスの窓口は市内に79カ所で、基本的には小学校区に1カ所の割合で設けられています。こうした機能の出先機関は、中核市（人口30万人以上で政令指定都市を除いた41都市）平均では217カ所ですから、圧倒的な多さになっています。一機関当たりの人口は中核市平均では2万4000人ですが、富山市は5300人です。各地区センターには平均4・3人の職員が常駐しているのです。

こうした地区センターの設置は、歴代の市長の継続的な方針で、市町村合併後も、新しい地域に設置する方向で充実を図ってきました。この他にも介護予防のステーション機能を持つ地域包括支援センターは32カ所と多く、公民館や図書館分館、また消防団の分団などの数も同規模の自治体のなかでは極めて多い水準にあります。

こうした行政機関を地域に豊富に設けるメリットは、職員が市民に対してフェース・トゥー・フェースで対応でき、地域に根差した行政サービスができることです。最近は、全国各地でＩＴ化の推進やコールセンターの設置などによりワン・ストップ・サービスに取り組む自治体も増えていますが、市民が歩いて行ける距離に市の行政サービスの窓口をつくることは、地域を支えていく大きな力になると思います。

災害時を想定しても「あの家はおばあちゃんの一人暮らしだ」と職員が知っていることで対応の早さは違う。年に1度、災害を想定した市職員の参集訓練も行っているのですが、本庁だけではなく、自宅近くの地区センターに素早く集まるという態勢をつくっています。「効率化して統合する」という行財政改革が現在のトレンドですから、富山市の取り組みは時代と逆行しているように見えるかもしれません。しかし、それにもまして地域密着が行政には重要だと思っています。

市町村合併以来、市の人件費を減らす努力をしていますが、再雇用などにより、職員数減よりもコスト減を優先する方針でやっています。地域重視と行財政改革との両立も工夫次第だと思うのです。

宮本　富山市で注目したいのは、万雑文化に基づいた旧来の人のつながり方が残っているだけではなくて、それに新しい要素が加わって「富山モデル」というものが生まれていることなのですね。福井県などにも共通した傾向があるので、「北陸モデル」とも言われるのですが、古いコミュニティの側面を新しい地域社会のためにうまく適応させているところに特徴があるのです。

つまり、三世代同居が多く、行政の保育サービスも充実していて保育所の利用率も高い。女性は就労率が高いのですが、特に正規雇用者の割合が高いことも全国で特徴的です。したがって世帯所得も大きく、持ち家率も高い。それによって消費も支えられ、雇用も拡大していく。それでUターン、Iターンも多いということですから、まさに好循環になっているのです。

富山モデルや北陸モデルの教訓を図式化すると（図表3—3）、地縁、血縁をベースにした〈コミュニティ〉と〈行政〉、〈企業・NPO〉という異なった3つのセクターが相互に連携することによって、新しいつながりが生まれ、維持されているということです。

図表3-3　つながりをどう結び直すか

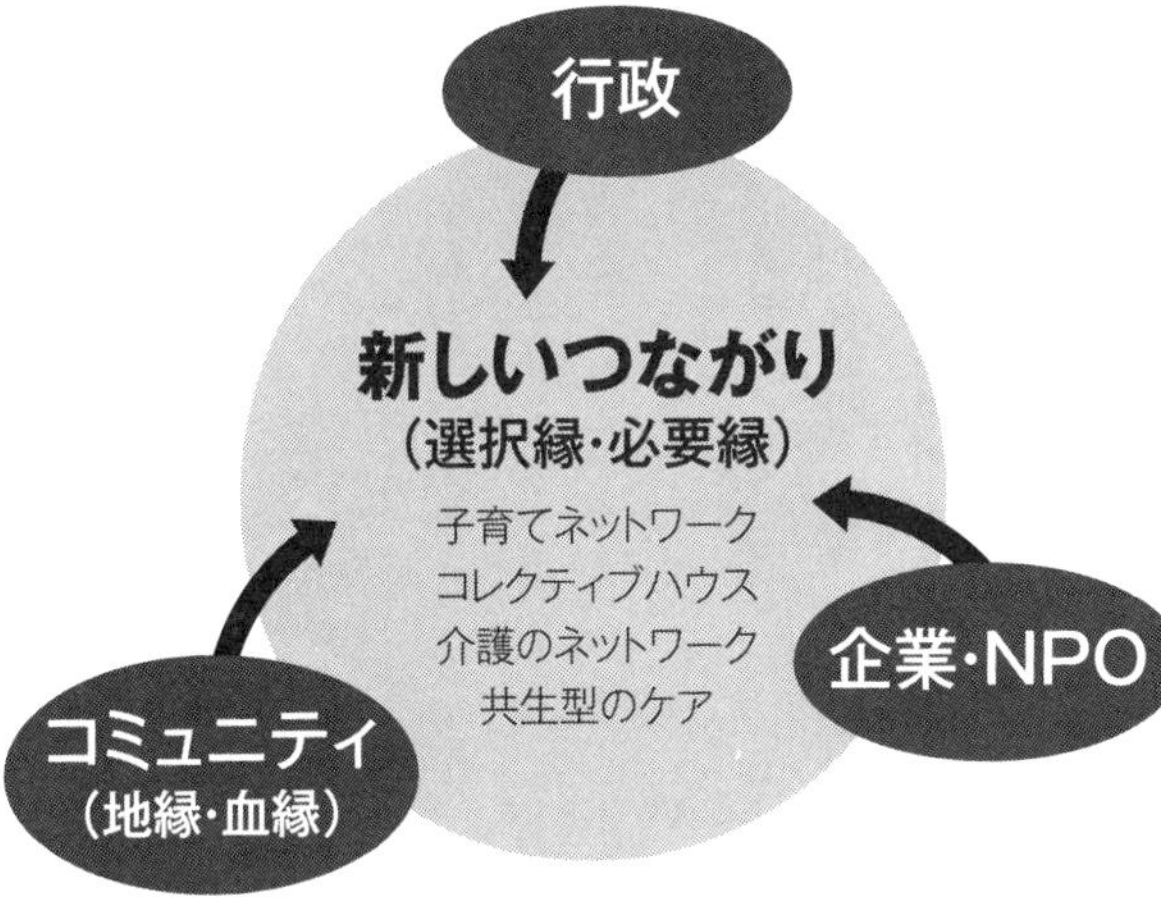

地域にもともと万雑文化があるけれども、それにおんぶにだっこではなく、大いに活用しながらも、行政が提供する保育サービスも利用して子育てネットワークをつくっていく。あるいは、高齢者介護では、地域包括支援センターのネットワークのなかに地域のＮＰＯもつながり合っていて、相互に連携しながら地域をサポートしている。こうしたネットワークが、女性の雇用率を高めるなどして、閉じた共同体の再生産ではなく、新たな自由度の高いコミュニティをつくっていく。

　小林さんが、コミュニタリアンというのは硬直的な保守思想ではないとおっしゃっていましたが、富山モデルというのはまさにコミュニタリアンの系譜に属するのかなと思いました。異なったセクターの連携がコミュニティを維持、培養し、未来につなげていることに注目したいと思います。

多層的なコミュニティ

小林　農村地帯では、伝統的コミュニティがNPOなどの新しい公共性の流れとのかかわりでどう変わっていくかが重要です。例えば、農協などの組織や公共空間としての神社、寺などの既存のものを、ある程度、自由を許容した新しいかたちで復興させることが、これからの課題だと思います。

都会では、自治会・町内会やPTAなどはありますが、古い伝統的なコミュニティをそのまま復活させることは難しいでしょう。その場合は、NPOやNGOといった市民の自発的、公共的な結社や組織の存在がカギになります。ただし、NPOやNGOは、いきなり特定の地域の全世帯にかかわるような活動にはならないので、そこは多重的、多層的な連携が必要です。

「多層的」あるいは「多重的」とは、ローカル、ナショナル、グローバルという規模や組織基盤の異なるコミュニティの連携を意味する場合もあるし、分野や活動形態が異なる多様なコミュニティの連携を指す場合もあります。人の生活や移動がグローバルになっている現在では、さまざまなコミュニティによって多層的に支えられることが必要になります。また、NPO、NGOで分担し切れないところは、行政が支援することも必要で、そういう意味でも多層的、多重的なかかわりになるのですね。

森　富山市でも、もちろん地縁組織の万雑だけではなくて、PTAや児童クラブなどの社会教育団体、地域を離れた活動をしているNPOはたくさんありますし、商工会議所や青年会議所、ロータリークラブなども、地域で有機的につながって活動しています。これはどこの地域社会もそうしたことで成り立っているのではないでしょうか。

既存の組織とは別に、銭湯やお店などでいつも顔を合わせる人同士の縁など、自然発生的なつながりを発展させていくことも考えられますね。

小林　NPOやNGOの活動の場合、ケアをする側、される側ともに自由な意志でかかわっていくことになるのですが、リベラルな個人主義の考え方だと、働きかけに対して「放っておいてくれ」と拒絶的になってしまうこともあります。

その場合は、そうした考え方を社会的に変えていくことが望ましいでしょう。教育や社会的啓蒙《けいもう》などによって、善や美徳、人間のつながりが大切だという価値観を共有していくことで、ＮＰＯやＮＧＯの活動は広がりを持っていきます。

ただ、そのような働きかけに対して、「どうしても自発的に受け入れられない、受け入れる力がない」という場合もあり得ますね。例えば、児童虐待への対応や高齢者の安否確認のような場合ですが、なるべく複数の立場からチェックをした上で、公的機関が入るしかないということになれば、行政がセーフティネットとしての役割を果たすことになります。

共生型ケアが新しいつながりをつくる

宮本　私が先ほど、異なったセクターの連携やコミュニティとＮＰＯとの連携が大事と言ったのですが、その具体的な中身が見えてきたような気がします。私は、そのようにして既存のつながり同士が結び付く新しい縁は、「選択縁」とか「必要縁」と呼ぶことができるのではないかと思います。
「選択縁」は社会学者の上野千鶴子氏の言葉で、自分が選択して入っていく縁という意味です。人間は生まれた家族や民族など、選んだわけではない縁を背負って生きていて、それは大切なことなのですが、これからは選択する縁も増えていくのですね。コレクティブハウスはその一例です。単身者や高齢の夫婦などが大きな住居を借りたり、建てたりして共同で住み、プライバシーを守りながらも協力していこうという暮らし方のことで、最近増えているのですね。

私は「必要縁」という言い方もしています。これまで家族などで担ってきた子育てや介護、障がいを持った人々のケアなどを、地域全体で取り組まざるを得なくなるのですが、そのことが新しい縁の始まりになるという意味です。そのような必要縁を象徴しているのが「共生型ケア」と呼ばれる新しい地域ケアの取り組みです。高齢者や母子世帯、児童相談所が対応している世帯の子どもなど、行政の対象としてはばらばらに対応されていた人たちが、同じ場所で助け合いながら、互いにパワーアップしていこうというものです。

釧路市のコミュニティハウス冬月荘は、その一例です。大きな家の２階では高齢者ケアを、１階では生活保護を受けて自立の道を探っている人が母子世帯の中学生に高校進学が実現するよう勉強を教える。中学生は、学校の先生からは聞けないような体験談交じりの勉強に引き込まれ、教える当人も自信をつけるということで、この人はその後ＮＰＯに就職しました。勉強を終えた中学生は２階にも行って高齢者たちと話をして帰る、という具合です。今まで「弱者」と一括《くく》りにされていたような、さまざまな人たちが大きくて柔らかい枠組みのなかで、相互に役立ち合い、新しいつながりを育てているのですね。実はこの「共生型ケア」の発祥の地も富山だと聞いているのですが。

森　そうです。富山市の「デイケアハウスこのゆびとーまれ」という施設が、まさに先駆的な共生型ケアの例です。看護師の女性3人が病院を辞めて自立的に始めた施設なのですが、高齢者と障がい児、あるいは障がい者を、住み慣れた地域の同じ施設内でケアするデイサービスをしています。

従前の厚生労働省の制度では、ケアの質が違うということで、この三者を同じ場でケアすることができませんでした。障がい児のために本来、行うべきケアができなくなるのではないかというような懸念があったのです。しかし、3人の女性たちの熱心な取り組みで、富山市や富山県が支援するモデル事業としてスタートしたのです。

中古住宅を拠点に、近所に住むボランティアの人たちがデイサービスを提供しているのですが、おばあちゃんが小さな子どもをあやしたり、ご飯を食べさせたり、一緒に散歩に出かけたりして、お互いに元気になっていく。ケアをする側はマンツーマンで世話できるほど余裕はありませんが、相互に補完、連携し合いながら行い、これまで大きな問題は起きていません。

富山市、富山県からの補助金は中古住宅を取得、改装する費用などに充てられ、サービスの費用は、介護保険や自立支援法に基づく給付などです。給付対象にならない人も自費で参加するということで、非常に複合的な財源でやっているのです。市内にはそうした施設が44カ所あり、今では「富山型」と呼ばれて全国に広がっています。

宮本 誰でも一方的に世話をされているというのではなくて、自分も誰かの役に立っている、「承認」されているということで喜びを感じ、力を取り戻していきます。そういう意味で富山型はこれからの縁のあり方であり、ケアのあり方だと思います。

北海道だけ見ても、北見市には高齢者と母子世帯が同居する施設があります。高齢者が子どもの面倒を見るという新しい三世代同居のかたちになっているのですね。当別町《とうべつ》の「ゆうゆう24」では、高齢者がやっている駄菓子屋に地域の子どもたちが集まっていますし、障がい者が運営するカフェも併設されています。施設内での共生にとどまらず、地域の共生へと広げていくことを目指しているのです。

こうした取り組みは、「安上がりの福祉」ではないし、そのように位置づけられるべきではない。人々の居場所とつながりをつくるという、最も上質な福祉なのだということを強調したいですね。

「活私開公」を育む大学へ

宮本　新しいつながりについての議論が、かなり具体的になってきました。ここでこうした経験を定着させ、促進していくための条件について、また少し大きな視点に立ち戻って考えたいと思います。
　小林さん、コミュニタリアン的な流れ、あるいは「新しい公共」の潮流はどうすれば根付くのでしょうか。
小林　新しいつながりをつくっていくために最も基礎になるのは、やはり人間の心の問題だと思います。「滅私奉公」という言葉は自分を殺して公に尽くすという意味ですが、それとは異なり、今求められているのは「活私開公」、つまり自分を活《い》かし、公に向けて開いていくことです。コミュニティ実現のために生き生きと他の人のために貢献するという発想が何よりも大事です。
　新しいコミュニティというのは、いろいろなところにあり得ると思うのですね。例えば、団地の管理組合なども、入居すればかかわらざるを得ないのですが、その場合のかかわり方の姿勢が重要で、「いやだよ」と逃げ腰になるのか、かかわることによって新しい何かを身につけていこうとするのかで、大きく違います。

若いときにNPO、NGOなどにかかわる経験を持てば、人とのつながりの大切さや魅力が理解しやすい。そうした個人が社会に出ていくことによって、多重的、多層的なコミュニティができあがっていくのであり、それを促すような教育が必要だと思うのです。

そのために大学も、公共的な意識を持つ市民を育成することを課題として掲げるべきでしょう。特に、社会科学系の大学には、本来、地域の市民教育の場としての使命もあり、私のいる千葉大学でも開かれた交流の場を提供していこうという試みを行っています。

例えば、NPOと大学との連携では、私たち研究者からNPOへアドバイスする一方、NPO側は私たちに実践例について情報提供してくれる。また、学生たちも、そうした実践的な活動をしている人の話に触れることができます。それによって、コミュニティで役立つことが、個人を生き生きとさせ有意義であること、また、新しいコミュニティをつくっていくことが世界のトレンドになっていることを認識する機会になります。

大学は、学生たちがコミュニティづくりに参加するための回路を提供することができると思うのですね。

求められるコミュニケーションの技法

宮本　先ほど「必要縁」という言葉を使いましたが、会社や家族のつながりで自足していられる時代は終わり、誰もが他につながりを求めざるを得なくなっています。例えば、子育てや介護などがそうですが、生き延びるために、どこかで本音でぶつかり合わなくてはならなくなっている。これが必要縁です。

例えば、私は北海道に住んでいますが、札幌市では除雪について、どこをどういう優先順位で行うか、地域に議論を委ねています。それを町内会などで話し合うことは、まさに公共のための議論で、いやがおうでも、コミュニケーションのしかたを学習しながら参加していく、ということになる。

しかし、日本はこれまで会社や家族のつながりが濃過ぎたために、それがミクロコスモスになってしまって、そこから表に出たがらない傾向がありますね。「ミウチ」に対する「セケン」というのは、けっこう気重な空間で、緊張するところがある。

日本人は欧米の人に比べると、あまり街頭で声をかけ合わない。日本が比較的、安全で閉じた社会であったからで、会社や家族を安定させてきた戦後の社会制度が、その限りでは裏目に出ています。欧米では、自分は危険な人物ではない、という安全保障的なシグナルの意味もあって、互いに声をかけ合うということがあるのですが、その必要があまりないので、気軽に声をかけると白い目で見られたりします。

社会学などでは「弱い紐帯《ちゅうたい》の強さ」（マーク・グラノヴェッター他『リーディングス　ネットワーク論―家族・コミュニティ・社会関係資本』勁草書房、２００６年）という言葉もあって、薄く広いつながりが新しい関係形成に重要であるとされているのですが、今の日本はこのような関係形成があまり得意ではない。

しかし、たとえが適当かどうかわかりませんが、盆踊りに誘われて「行きたくないな」と思っていても、踊ってみたら意外と楽しくてハマってしまったなどということもある（笑）。

「セケン」であれ「公共空間」であれ、コミュニケーションの技法がとても大切になっているということですね。

小林　私は大学の講義でも、対話型教育を行い、学生たちとの対話を取り入れるようにしています。そのためには対話のアート、つまり対話についての技術や芸術あるいは学芸術とも言うべきものが必要です。

今の学生たちはインターネット上で活発にコミュニケーションしても、リアルな対話はあまりしていない場合があるのですね。喫茶店などのリアルな対話の場も少なくなり、大学が果たす役割は大きくなっていると思います。

学生たちがＮＰＯやＮＧＯの活動の現場に出向いて学ぶことも大切で、そういうことを選択コースとして設けてもいいと思うのです。

多様なアクターで支えられる地域

森　これからの富山市にとって必要なことは「地域力の発揚」だと思っています。地縁をベースにしたつながりや制度が残っているものの、やはり少しずつ弱くなっているので、発揚していこうという意識を持つことがとても大事です。

富山市のユニークな取り組みに、認知症などで徘かいする高齢者の安全を地域で守るという見守りネットワークがあります。タクシー会社や郵便局などあらかじめ登録している協力機関や事業所に、行方のわからなくなった高齢者の情報を配信し、連携して見つけ出そうというしくみです。

この例のように、さまざまなアイデアを出して地域の連携を引き出し、地域力を上げていくことが、これからの時代にはますます大事になると思います。

小林　コミュニティ再生に向けて提言したいのは、やはり「ＮＰＯの体験を」ということです。前述したように、特に若い人に自発的、公共的な結社にかかわる体験をぜひ持ってほしい。そうした結社にはケアや介護、まちづくり、環境、政治、平和活動にかかわるものなど多様なものがありますから、自分の関心に即して、ある程度、信頼性のある団体を選んで入り、実際に他の人の役に立つという経験をしてほしいのです。それによって学校の勉強だけでは得られない厚みのある体験を得られると思いますし、将来、社会に出たときに公共的な役割を果たすための基礎を得ることができるのです。

現役を引退した人がＮＰＯの活動にかかわることも増えていますので、貴重な世代間の交流の機会にもなると思いますね。

宮本　社会保障や安心の最も根っこを形成する人のつながりをどうつくり直すか、処方せんとまでは言えないかもしれませんが、だいたいの方向性が見えてきたと思います。

お二人のお話からは、行政やＮＰＯという新しいアクターが、伝統的なコミュニティの活性化に役立っていくという可能性を感じ取ることができました。

これまで否定的な意味で「無縁社会」という言葉を使ってきたのですが、日本の歴史全体を見渡してみると、「無縁」という言葉は、また違った意味も持っていたようです。

かつて法哲学者の土屋恵一郎《つちやけいいちろう》氏は、中世日本において、身分もコミュニティも異なる、見知らぬ人同士が集まって連歌を詠《よ》んだ伝統から、「無縁社会」の可能性を論じました。日本でもコミュニティの外の空間に固有の役割があったのです。映画『男はつらいよ』のフーテンの寅さんは、柴又という狭いコミュニティから出ていって、旅の道すがら、いろいろな人やコミュニティを結び付けていく役割を果たしています。寅さんが多くの日本人に愛されているのは、既存のコミュニティを大切に考える一方で、新しいつながりづくりを求めるDNAが日本人にもあることを示しているのかもしれません。であるならば、今がそのようなDNAの出番です。

こうした人間味あふれる、さまざまな人のつながりは、社会保障制度が強化されると壊れてしまい、制度のなかに吸収されるのではないかという不安が一部にはあるようですが、決してそうではないと思います。

情のつながりを壊してしまうような社会保障であれば、そもそも意味がないのです。家族や地域コミュニティなど、人のつながりを守り大事にするためにも、公的な支えが必要になっている、ということを最後に強調しておきたいですね。

［2011年2月2日］

森 雅志
もり・まさし

富山市長／１９５２年富山県生まれ。中央大学法学部卒業後、司法書士・行政書士事務所を開設。95年富山県議会議員に初当選。２期目途中の２００２年に旧富山市長選に出馬して初当選。２００５年市町村合併で発足した新・富山市の市長選に当選し、2期目を務める。新世代型路面電車の導入など地域コミュニティの再生に取り組んでいる。

小林正弥
こばやし・まさや

千葉大学大学院人文社会科学研究科教授（政治哲学・公共哲学・比較政治）／１９６３年東京都生まれ。東京大学法学部卒業後、同学部助手などを経て千葉大学法経学部助教授に。95～97年ケンブリッジ大学で海外研修（セルウィン・コレッジ準フェローなど）。２００３年千葉大学法経学部教授、２０１１年より現職。ハーバード大学のマイケル・サンデル教授との交流が深く、テレビ番組や著書の監訳を務めた。主著に『友愛革命は可能か――公共哲学から考える』（平凡社新書）、『サンデルの政治哲学――〈正義〉とは何か』（同）、『日本版白熱教室――サンデルにならって正義を考えよう』（文春新書）ほか。

第四章 子どもの未来をひらけるのか

泉 健太／水島広子／宮本太郎

子育て支援の3つの効果

宮本太郎 日本社会では従来、子どもや子育ての問題は、もっぱら家族や地域に委ねられてきました。子どものことは、基本的には「私（わたくし）」の領域に属することであり、あまり政策の対象や行政の課題になってこなかったのです。現状の政府の家族福祉に対する支出を見ても、GDP比で0・8％程度に過ぎない。OECD諸国平均では2％台、出生率の回復しているフランスやスウェーデンでは3％以上となっています。このあたりの数字にも、日本の子育て支援の弱さが表れています。

しかし、男性世帯主が家族を安定的に養える時代が終わりを告げ、地域のつながりも希薄化した現在では、家族だけでは子ども、子育ての問題を抱え切れなくなっています。安心社会を再設計するためには、子育て支援が最も重要なポイントであり、社会保障改革の「肝」の部分であると言ってよいでしょう。

ではなぜ、それほど子育て支援が重要なのか。まずは、その効果を押さえておきたいのですが、大きく3点挙げられると思います。

第一は、やはり最も基本である「子どもの育ち」です。子ども自身がすくすくと育つことが、子育て支援の目標の根本でしょう。現状では、雇用環境悪化による経済的な不安が家族関係や地域に影響を及ぼし、子どもたちにも大きな負荷をかけています。

子どもたちの幸福がまず追求されるべきですが、その社会経済的効果も重要です。各国は「社会的投資」として子育て支援への支出を増大させています。いかなる家庭に生まれても子どもの能力を育む就学前教育が、雇用と成長に大きな効果をもたらすという認識が広がっています。逆に、子どもが心の傷を抱えて育てば、それは社会を不安定なものにします。例えば、児童虐待について児童相談所が対応した件数は4万4000件（2009年度）で、10年前に比べて4倍になっています。しかも、これは連絡相談があった件数だけですから、氷山の一角かもしれない。

この「子どもの育ち」を中心にした、子育て支援の効果をいかに発揮できるかは、今後の政策にかかっています。社会保障と税の一体改革においても、より納税者にとって見返り感のある社会保障にできるかどうかのポイントは子育て支援にあります

子育て支援の第二の効果は「女性の就労を広げていく」ことです。米国の証券会社ゴールドマン・サックス社によれば「日本の経済成長にとって最も必要なのはウーマノミクスだ」ということです。「ウーマノミクス」とは女性参加型の経済のことで、女性が社会で

活躍することで企業や経済が活気づけられることを指しています。

日本では1990年代半ばに、女性の大学進学率（短大を含む）は5割を超え、子育て世代の女性の教育水準は高いのですが、就業女性の6割以上が出産の前後に仕事を辞めています。これは非常にもったいないことで、「子育て期の女性が仕事を続けられるような環境をつくっていけば、日本経済はかなり強化できる」と同社は分析しています。女性に働く余裕をつくり出すという意味で子育て支援は経済活性化につながっているのです。

子育て支援の第三の効果は「出生率の上昇」です。現在の日本が抱える不安の大元は少子化と人口減ですね。少子化に関する調査データを見ると、「希望する子どもの数」より「予定している子どもの数」が少ないという人が多数を占める傾向が続いています。教育費などさまざまな負担や仕事を辞めることに伴う機会費用は甚大です。

米国のジャーナリストであるアン・クリッテンデンは、大卒女性が子どもを産むと生涯所得が100万ドル減るとして、子どもが「ミリオンダラーベイビー（100万ドルの子ども）」になったと皮肉っていますが、日本では2億円以上の差になるというデータもあります。ほしい子どもの数はとても持てないと思う人は多く、これが少子化に直結しているのです。ただ、ほしいのにあきらめている人が多いのですから、そこを支えることができれば、出生率の回復が期待できます。

少々良くない比較かもしれませんが、ペットフード協会の推計によると、日本国内のペットの数は犬と猫だけで２０００万頭以上。そうすると15歳未満の子どもの数は１７００万人ですから、ペットの数の方が大きく上回ってしまいます。ゴールドマン・サックス社のレポートも、このことに触れて、ＯＥＣＤ諸国のなかで珍しいとしています。

現金給付がなぜ先行するのか

宮本　政府の子ども・子育て支援政策のなかで先行しているのは子ども手当で、２０１０年6月から支給が始まっています。低所得化が進むなかで、子育てのコスト負担は家計に重くのしかかっていますから、子ども手当のような現金給付への期待は大きいでしょう。しかし、本来、子育て支援政策には、現金給付とサービスなどの現物給付が、車の両輪としてバランスよく整備されることが望ましいのです。

それにもかかわらず、どうしても現金給付が先行するのには理由があります。

民主党政権が誕生したときに、国民の間に強く共有されていたのは、生活不安とともに深刻な行政不信でした。つまり、行政を通じて提供されるサービスはおよそ非効率で、何か問題があるのではないか、という思いが国民にはつきまとっていた。そうすると、取りあえずは「お金を出して家計を助けましょう」という現金給付が最も国民の支持を得やすい政策だということになりますね。

しかし、いつまでも現金給付重視でいいのだろうか、という懸念があります。

例えば、家計にお金を入れるだけでは、女性がきちんと仕事に就いて収入を増やし、それを内需拡大と経済成長につなげるという回路を動かすことができない。動かすためには、幼稚園と保育所の機能の一体化を図る幼保一体化をはじめ、サービスや施設整備など現物給付の中身の充実を図っていくことが不可欠なのです。

そういう意味では、政府が国民の行政不信を放置したり、事業仕分けでむしろ助長してしまうようなことは、ますます自分の首を絞めることになりますね。行政不信の解消を通してサービス給付の方向に早くハンドルを切るべきなのです。

泉健太　やはり政治家に対する信頼がないと、政策も信頼されないということですね。

政権与党で政策をつくる立場の私たちとしては、行政と政治に対する不信を解消するために、未来に対するメッセージをきちんと発信しなければならないと思っています。子ども手当もそのメッセージの一つです。

私たちも子育て支援には、やはり現金給付、現物給付の両方が必要と考えています。ただ、日本はもともと諸外国に比べて子どもに対する社会保障支出が少ない上に、今は家庭、地域社会、そして経済がいずれも壊れかけている状況にあります。

現金給付が唯一の方策であるとは思っていないのですが、こういう状況では代わるものがないのですね。子ども手当によって、子育てしている世帯の家計を少しでも助けたい、人口維持につなげたい。人口の維持・拡大のためには、合計特殊出生率が2を超えなければなりませんが、その第一歩として、子ども手当を通じて、現在の1・37から1・75くらいになんとか伸ばすことができればと考えています。

「子育て支援を現金給付でするのはおかしい」という意見が国民の一部にあるのですが、高齢者の年金が生活費を支えているように、若い子育て世帯にも最低限の生活を維持するために現金を必要とする世帯は多いのです。この点について、もっと理解が広がればと思っています。

姿を変える子ども手当

泉　もう一点、国民の理解を得たいのは、一つの給付だけを注目するのではなくて、控除や税などさまざまなお金のやりとりを含めてトータルに見てほしい、ということです。

かつて消費税導入の際にも、多くの国民が「とにかく消費税は反対」でしたが、その一方で所得税や社会保険料の支出の変化について気にかける人は少なかった。

子ども手当の場合も金額だけが焦点になるのですが、それと併せて扶養控除の見直しもセットで行っていますから、トータルで家計にどう影響があるのか、ということが一番大事なはずですね。

所得控除は所得の高い世帯が有利になるため、中・低所得者に有利な手当に切り替える方向で子ども手当が発案されたわけですが、残念ながら現状の金額では家計を一気に楽にするほどではありません。控除、税なども含めて、家計への影響を冷静に見てもらう必要があると思います。

それから児童手当では設けられていた所得制限ですが、実質的には子どものいる世帯の9割が受給していたわけですし、所得を把握するための行政の事務費を考えれば、設ける必要はないと考えています。

水島広子　民主党議員時代（2000〜05年）に子ども手当発案にかかわった立場ですが、当初の構想から現在の姿はかなり変わってしまったという印象を受けています。

当時、党は「控除から現金給付へ」という方針のもとに、さまざまな控除を見直していたのですが、そのなかから扶養控除や配偶者控除などの財源を充てる「子ども手当」の案も出てきたのです。ですから、金額も一律月額1万円台と低かったのですが、2007年のマニフェストに2万6000円と盛り込まれたのですね。これに有権者も強く引かれたところがあったと思います。

当初の案では、所得制限は設けず、全員に支給する代わりに課税対象にしました。それによって、高所得者に有利にならないようバランスがとれるからです。また、手当の使途として想定したのは、子どもの基本的な生活費を支えるということで食費や被服費だった。

ところが、実際に支給開始された金額は月額1万3000円で、さらに3歳未満の子どもに手厚くなる方向で検討が進められています。食費をはじめ生活費を考えれば、中学生の方が乳幼児よりかさむわけで、矛盾して見えるのですが、どうしてこうなってしまったのでしょうか。

泉　確かに、2011年10月から3歳未満について支給額を上乗せしますが、実質的にはそれほど手厚くなるわけではありません。というのは、以前の児童手当では、3歳未満児（第一子・第二子）が1万円、3歳以上から小学生は5000円という金額でしたが、子ども手当では年少扶養控除を廃止しましたので、それを差し引きすると3歳未満児は児童手当受給時より新制度では給付額が減ってしまっていた。

これでは、国民に納得してもらえないだろうということで、それを是正するために上積みすることになったのです。年齢によって金額の段階を設ける発想は、もともとはなかったのですが、過去の制度との関係で整合性をつけるために、やむを得ずこうなったのです。

水島 そもそも「控除から給付へ」の切り替えが徹底できないままに、子ども手当支給を始めてしまったところに問題がありますね。

泉 確かに、予定していた配偶者控除という大きな財源が、経済情勢の悪化もあって見直せないままになっており、その影響が玉突きのように給付の制度設計に響いていると思います。

水島 今後、所得制限を設ける方向にいかない方がいいと思っているのですが、課税対象に戻すという可能性はないのでしょうか。

泉 トータルに見て児童手当より減額にならないようにすることを重視していますので、課税対象にした場合に、それが守れるかどうかでしょうね。

自民党政権の制度の継続性をどうするかということで、結果的にまんじゅうのアンコは児童手当、皮は子ども手当のようになってしまっています。国民には本当にわかりにくくて、申し訳ないと思っているのです。

ほしい理念の裏打ち

宮本 民主党の政策の変遷を見ていると、2005年のマニフェストでは、控除廃止による財源確保でサービス給付を打ち出し、現物給付と現金給付を車の両輪にしていこうという姿勢が見えるのですが、2005年の小泉郵政選挙で自民党に大敗した後、2007年のマニフェストでは小沢一郎代表による6兆円規模の子ども手当がぶちあげられ、現金給付路線にシフトしていきました。以来、農家の戸別所得補償制度や最低保障年金制度など、現金給付路線に偏ってきているのではないかと思うのです。

そういう意味では、「雇用、雇用、雇用」と提唱している菅総理の姿勢は2005年のマニフェストに回帰しているようにも見えます。菅政権に経済財政政策担当大臣として1月に入閣した与謝野馨《よさのかおる》氏も、2007年、2009年のマニフェストには批判的ですが、2005年版マニフェストのような立場とは、発想の共通性があったのではないかと思います。

現金給付が単なるばらまきではなく、持続可能な経済に展開していく道筋を示すことができれば、自民党との対話の可能性も出てくるのでしょう。

水島 将来への安心のために、私たち国民が知りたいのは「いくらもらえるか」、「去年より金額は多いか」ということよりも、この国がきちんと一定の理念のもとに運営されているのかどうか、それが持続可能なのか、ということなのですよ。

政権交代は国の理念や制度などを根本的に見直し、切り替えるチャンスだと思います。子ども手当が発案時に所得制限を設けないことにしたのは、これは救貧政策ではなく子どもの権利を守るための政策と理念づけたためですね。つまり、手当はその世帯が貧しいから支給するのではなく、子どもはみんな国の宝だから支給するのだと、理念を自民党政権時代とは切り替えたのです。

国のかたちや理念が新しく切り替わった場合に、それに一本筋が通っていれば、国民にとっては、ここ1、2年の生計が少々苦しくても、将来に向けて大きな希望を感じられると思います。そして、高齢者、子どもがきちんと人間として扱われることがナショナル・ミニマムとして約束されている、そうわかることが何より安心につながるのです。

貧弱な教育費に支援を

泉　日本の場合、これまであまりにも子どもに関する予算が少な過ぎたのです。子ども手当が、もし月額2万6000円になったとしても、ヨーロッパ諸国と比べれば乏しいものです。日本ではやっと、子育てに対する現金給付が基礎的給付としてあり得るのだと、国民の間で理解されてきたところではないでしょうか。

宮本　高校授業料無償化や奨学金制度など、民主党のマニフェストには他にも子ども関連の項目があるのですが、確かに教育費の負担は非常に重くて、年収400万円未満の世帯では、家計の半分を教育費が占めているという実態もあります。

子育てや教育の政策について現物、現金ともに充実させていかなければ、国民の明日への力を引き出すことができないことは野党にも理解してもらえるでしょうから、ここは、子育て政策の理念をきちんと示していくことが必要でしょうね。

水島　私にも小学生と中学生の子どもがいるので、教育費は気になるところです。

以前は教育費をかけるというと、余裕のある家庭が子どもにワンランク上の教育を受けさせるために塾に通わせるというイメージだったのですが、今は普通に学校に通わせているだけでは進学できないという、公教育の質の低下という問題があります。親は子どもに進学させたいと思い、子どもも勉強したいのに、塾に通わせるお金がない、という家庭も多い。「タダゼミ」といって無償で教える塾が増えているぐらいですから。

公教育を改善するには、まずは教育現場の教員たちに余裕をつくることです。今の先生たちは書類仕事をたくさん抱えていて、子どもを見る時間が十分になく、燃え尽きそうになっている人が少なくないのですね。そうした教員をサポートする態勢をつくるために、余剰的な教員を確保したり、教員の横のつながりを強化することが必要です。

もう一つは奨学金の充実があります。日本で「奨学金」と言えば返済しなければならない教育ローンが普通で、欧米で言う返済不要なスカラシップではありません。現在のような雇用情勢であれば、大学を卒業しても仕事がなくて奨学金を返済できないという人が増えているはずで、返さなくてもいい、本来の奨学金の充実が望まれるところです。

教育を受ける人への経済的手当は、国の将来にとって極めて重要なことで、ヨーロッパでは公教育は高等教育まで無償にしているほどですが、日本も教育費に対する支援をもっと考えるべきではないでしょうか。

幼保一体化が目指すもの

図表4-1　こども園の目的と位置

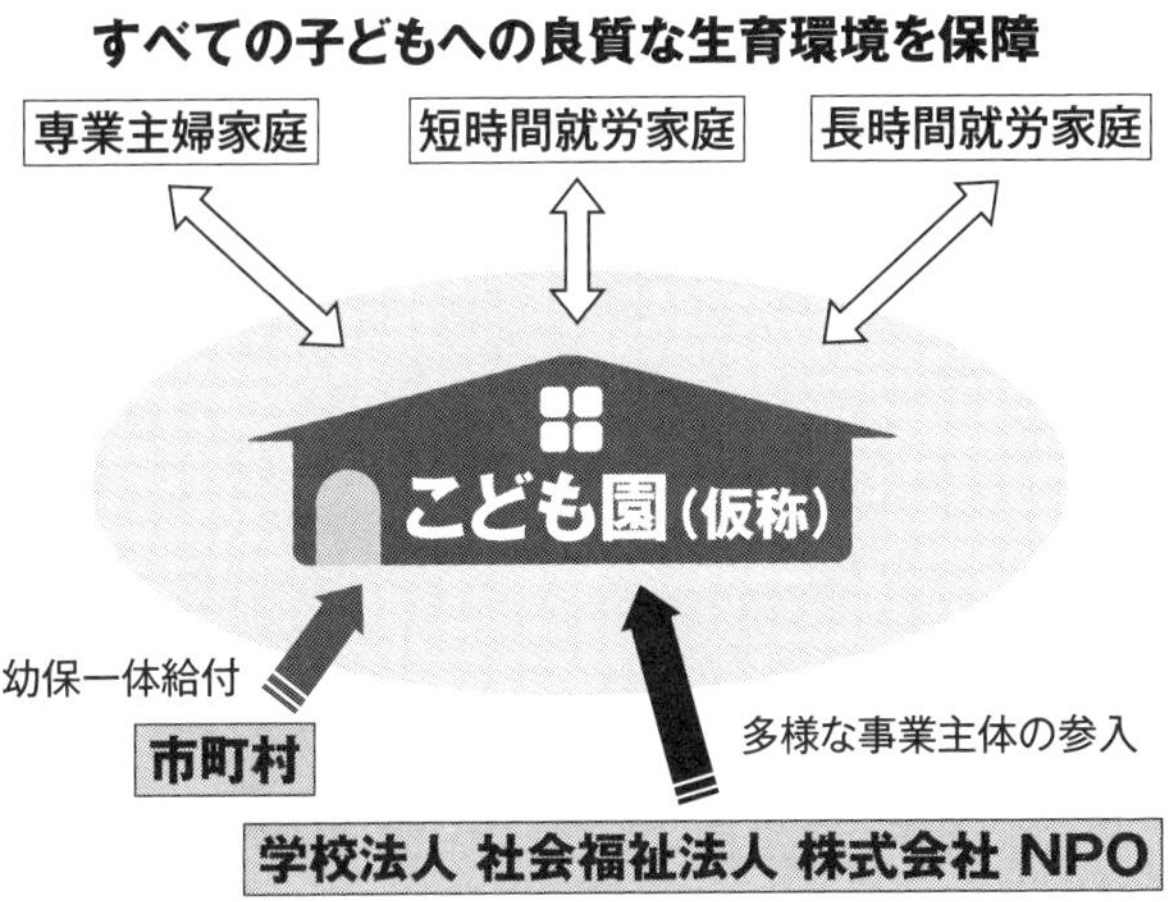

泉　子ども手当と同時に私たちが推進しているのが幼保一体化です。現在の幼稚園と保育所の機能を一体にした「こども園（仮称）」を創設していこうという政策ですが、まずは目指すところをお話しします（図表4―1）。

現在の幼稚園は、いわゆる専業主婦家庭の3歳以上の子どもが対象で、保育所は就労家庭の0歳からの子どもが対象です。近年は雇用の流動化で親の働き方も短期間に変わることが多くなりましたから、それにともなって子どもは通う施設を変えなければならず、生育環境が安定しません。

また、保育所の役割は、保護者が昼間働いているなどの理由で「保育に欠ける」子どもを受け入れることですが、現状では専業主婦の家庭でも、周囲から助けを得られないままに母親が子育てに悩んでうつになるなど、結果的に「保育に欠ける」状態が出てきている。

親が働いているか、働いていないかで子どもの施設が分かれるのは合理的ではなく、どの子どもにも福祉と教育の両方が必要です。そのために、給付も一体化し、子育て相談にも対応できるような施設づくりを目指そうということなのです。

一方、地方では少子化が進み、幼稚園、保育所ともに定員割れになるなど独立的な経営では成り立たない地域もありますから、一つの施設に一緒に受け入れ、良質な環境のもとで安定的に育てていこうという目的もあります。

さらに、従来の問題点を挙げるなら、幼稚園は学校教育法に基づいた教育施設で文科省所管、保育所は児童福祉法による福祉施設で厚労省所管ということでやってきましたが、これが子どもたちの世界にも望ましくない影響を与えています。例えば、「幼稚園に行った方が教育をきちんとやってくれる」とか、「保育所に行っている子どもは福祉を受けている子どもだ」というような見方はまだ根強く、実際は保育所でも幼児教育的なことはかなり行われているのですが、子どもの世界が2つに分断されたようになっています。小学校に入ってから、子どもたちや親がうまく融和できないということもあるようですね。

すでに「認定こども園」として、先行的に取り組みを始めている施設を見ると、「早く帰る子」と「夕方まで園に残る子」という立場の違う子たちがうまく折り合って過ごしている姿を見ることができます。同じ施設を利用することで、地域にはいろいろな大人、子どもがいるという多様性を認め合っていくことにつながればと思うのです。

宮本 現在の日本の状況は、やはり大人の都合で子どもたちが分断されているという感じがありますね。幼稚園、保育所の背後にはそれぞれ族議員の陣営もあって張り合ってきたということもあります。

ここには幼稚園と保育所の文化の相違に加えて、専業主婦と働く母親とのそれぞれの幸福観のようなものが絡んでいるから、余計に難しいところがあります。共働き家庭が1997年から多数派になっていますが、他方で、専業主婦が重視してきた家族の価値も見直され、家族がより長い時間を一緒に過ごして夫婦がともに子育てにかかわることを奨励する流れも強くなっています。実はお互いそれほど違った世界に住んでいるわけではない。ライフスタイルの選択の自由を含めて、そのあたりの風通しを良くしていくイニシアチブも必要ですね。

幼保一体化は、大人の都合や待機児童解消という量的な課題ではなく、あくまで子どもの立場に立つと何が必要か、そこから出発することがカギだと思います。

急ぎたい担当省庁の一本化

泉　こども園の事業主体は、都市部ではさまざまな主体や法人が考えられると思います。今までの子育て施設や教育施設は社会福祉法人と学校法人が主体でしたが、そうした法人は多額の寄付や資産がないと設立できません。ですから、株式会社やNPOなどの法人にも門戸を開き、経営の安定性や業務の質に対する基準を設けた上で参入できるようにする計画です。

ただ、現状の幼稚園と保育所を一体化していくにはたくさんのハードルがあります。例えば設備面では、幼稚園では乳児対応の調理室やハイハイできるほふく室を新たにつくらなければなりませんし、保育所に教育の側面を強化するためには、保育士だけでなく幼稚園教諭の配置も必要になる。将来的には資格の統一も不可欠でしょう。

幼稚園と保育所は、それぞれ別個の成り立ちと専門性を持ち、独自の環境を築いてきたわけですから、今後、一体感を持ってやっていくのは大変なことだと思っています。

しかし、就学前教育の充実は国の将来にかかわり、世界の流れでもあるのですから、推進しなければなりません。こども園の当面の所管は内閣府としますが、将来的には、18歳未満の子どもや家庭にかかわる問題を一括的に担当する「子ども家庭省」の設置を目指します。

水島 民主党は野党時代から長く「子ども家庭省」の設置を主張してきたのですから、幼稚園は文科省、従来型の保育所は厚労省、新しいこども園は内閣府という分散したままでやっていくのであれば、政権交代をした意味がないと思います。政策を進めていく上でも、やはり一度、早い段階で一本化した方が良いのではないでしょうか。

それから、子育てに関する政策や行政に、ぜひ学術的、科学的な研究集積を生かしてほしい。というのも、子育ての価値観として、一見、子ども目線と考えられていることが、実は大人のファンタジーということが多いのですね。「子どもってこういうものだろう」、「こうだと寂しいだろう」というように、大人の勝手な思い込みで政策づくりへと進まないことを願っています。今は子どもたちの発達について科学的なデータが豊富に集積されていますから、そうしたエビデンス（根拠）を子育て支援にもぜひ反映してほしいのです。

例えば、子どもは小さいころから複数の大人たちが温かくかかわって情報を与えていくのが良いことや、子どもとの愛着形成には子どもが助けを求めてきたときに温かく応えてやることが最も大切であることなど、学術的に裏付けられていることは多いのです。

しかし、一般には、母親が3歳まで子どもと密着して家にいた方が良い、という「3歳児神話」にこだわる人は少なくないですね。若い母親には、自分の子どもができて初めてあかちゃんに接するという人も少なくないので、子どもと向き合って精神的余裕がなくなり、うつになってしまう人もいる。うつになれば、子どもに細やかな愛情を注ぐエネルギーはなくなってしまいます。

そのような大人の問題のしわ寄せが子どもに及ばないように、行政はサポートすることが必要です。そのために子育て支援について所轄官庁を一本化した上で、そこで学術的なデータを生かすということだと思います。

イギリスでは、オックスフォード大学が子どもたちの問題を解決するために学術的なデータを地域に提供し、協力している例があります。日本の行政もアカデミズムと連携して政策をつくっていくという姿勢がほしいですね。

スタートの平等を保障するプレスクール

宮本　就学前教育について海外に目をやると「エデュケーション（教育）」と「ケア」を

合わせた「エデュケア」という考え方があり、欧米で広まっています。

例えばスウェーデンでは、1975年に「就学前教育法」という法律ができて幼保一体化に着手し、96年には日本でいう文科省に管轄省庁を一本化して、教育としての要素を押し出していきました。これは、誰でも同じように育ちの機会を得られることが重要だという考え方に基づき、「プレスクール」、つまり就学前教育の充実を図ろうというものです。

このような考え方は世界的に広がっていますが、特に平等にこだわる米国のような国は「機会の平等」を徹底して追求しようとするわけです。奨学金がその一例ですが、水島さんが言われたように、日本では返済する必要がある教育ローンしかない。米国では給付の奨学金を年間約500万人に与えています。その一方で、プレスクールに相当する「ヘッドスタート」というプログラムを設け、貧しい世帯の子どもたちに優先的に就学前教育を提供し、スタートの平等を保障しようとしています。

2010年の夏に、スウェーデンのプレスクールを取材する機会があったのですが、その取り組みが単なる早期教育などではなく、遊びと学びの要素をうまくブレンドしたものであることがよくわかりました。

訪れたときには、子どもたちはヒマワリの成長過程を見ていました。と言ってもヒマワりを囲んでガヤガヤと話し合ったり遊んだりしているだけなのですが、子ども5人に1人の割合で付いている就学前教育士が、子どもたちの様子を盛んに写真に撮ったり、自由気ままにしゃべっている内容をノートに記録しているのです。その写真や記録は、親たちに回覧され、それによって親は子どもたちがどんな体験をしたのか共有でき、夕食の団らんで話題にしたりして、つながりを深められるのです。子どもにしてみれば、自分が何を考えたのか親に話すことで確認でき、自然に認知能力を高めていくことになります。

このようにプレスクールによって、たとえ生まれ育った家が貧しくても、社会に羽ばたいていく基本的な認知能力を身に付けることができるのですが、これは国にとっては、知識経済における人的資本への投資という点で、まさに国家戦略なのです。

人のつながりが豊かさをつくる

水島　明治期など戦前の子どもたちは貧しくても伸び伸び明るく育っていた、と言われます。これは現在と何が違うのかと想像してみると、子どもの周辺に、かなりたくさんの大人たちがいて見守っていたのだと思うのですね。

子どもにとっての豊かさとは「どれだけお金をもらえるか」ではなくて、「どれだけ

（面倒を）見てもらえるか」ですから、そういう意味では豊かだったのです。

もちろん、昔の親が完璧だったとは思いませんし、暴力は今よりも多かったかもしれません。言葉もきつかったのではないでしょうか。しかし、もし親が激しい打撃を子どもに与えたとしても、他の大人がカバーしてくれたのだと思います。近所のおばさんが「お宅のおとうさんは、気が短くてダメね」と言ってくれれば、「おとうさんは気が短い人だから、怒られたんだ」と子どもは受け止められる。

しかし、今のように他の大人の目がなくて、父親しかいないところで殴られると「自分が悪い子で、愛されていないから殴られた」と思い込んでしまう。あるいは人間関係のルールが全然わからなくなって、いつも人の顔色をうかがうような子どもになってしまうのです。

つまり、昔もさまざまな親がいたのでしょうが、他の大人がかかわることによって、子どもは自分の受けた扱いを「こんなものだろう」と相対化して見ることができた。また、ほめたり、叱ったりする大人が何人も周囲にいたことで「いつもあなたを見ていますよ」というメッセージが子どもに伝わっていたのだと思います。

周囲から与えられる安心感の大切さは親にとっても同じで、子育てがうまくいかないときに「子どもなんて思い通りにならないものよ。うちの子も同じよ」と言ってくれる人が出てくるとほっと息がつける。ところが、今は人とのつながりより育児書を読みながら育児をして、その通りにならないとパニックになってしまう人も多い。虐待は、もともと精神的余裕を失ったパニック状態から出てくるものですから、「どうしてあなたは思い通りにならないの」と子どもに感情をぶつけて虐待につながることも多いのです。

人のつながりが豊かだったころには、働きに出なければならなくなったときに、近所の信頼できる人が短時間でも子どもを見てくれたりすることで、親はとても安心できたのでしょう。今、地域のつながりが乏しくなって、そうしたことができなくなっていることと経済の沈滞は無関係ではないように思えるのです。

泉　子どもには、小さいときから周囲に小社会があるということが重要なのですね。

幼稚園に入園する子どもが3歳で初めて園に行って、親とうまく離れられないなど、生活環境の変化に対応できないということはよくありますね。一方、保育所で1歳くらいから複数の大人たちに面倒を見られながら育てられてきた子どもは、3歳から幼稚園に行くことになってもすんなり適応できるという側面があるようです。3歳で初めて外界に接するというのではなく、もっと小さいときから常に小社会が周りにあることが大事なのではないでしょうか。
今は地域や家庭のなかに小社会的なつながりをつくりにくいので、それを代替していくような役割が子育て施設にはあると思います。

水島　昔は、子どもは保育所に行かなくても、地域でいろいろな人と出会ったり触れ合うことができたのですが、今は地域に危険な感じがあったりして、全体に引きこもり気味になっています。そのなかで、子どもにとって保育所は遊び友だちや安心できる大人がたくさんいて、かつての地域社会に代わる疑似社会になっているのです。
親たちも同様で、保育士さんに「これぐらい泣いても大丈夫よ」などと声をかけられると安心できる。これも、昔は近所のおばさんの役割だったのでしょう。今の時代だから果たしている保育所の役割があるのです。

子どもを犠牲にしない社会へ

泉　私が、子ども・子育て支援の政策づくりに当たって、いつも考えるのは「子の立場」ということです。自分自身も子どもだったわけですから、子どものころに何が良かったのかを振り返りつつ、子どもにとって必要な配慮は何か、子どもは何が嬉《うれ》しくて、どんな環境を望んでいるのかを考えながら政策をつくっています。ともすれば、子どもの施設も、大人の事情や既存のルール、大人のつくった制度によって運営されがちです。

都市の待機児童の問題も、地方で子どもが減ってきている問題も、すべて大人の都合なのですね。誰もが都会に住みたがって、地方を置き去りにしてしまった結果であって、泣いているのは子どもたちなのです。

都市の待機児童の問題に対しては、保育ママ制度のような小規模保育を充実する取り組みもしていきたいと考えていますが、さまざまな子育ての問題を行政がすべて解決することは無理で、国民全体で子どもの立場を考えて良い環境をつくっていこう、良い知恵を出していこうということを呼びかけたいのです。

水島　私が子育て支援について重要だと思うのは、やはり「つながり」です。

将来、少ない人口で社会を担うことになる子どもたちがお互いに反発し合ったり、排除し合ったりするのではなく、力を合わせて良い社会を築いていってほしい。そのために、まずは人とつながり合えるような環境で子どもたちを育てたいのです。

それとともに強調したいのは、不適切な育児をしている人を見たときに「あれはダメな親だ」と切り離すのではなく、「どういう助けが必要だろう」、「自分は何をしてあげられるだろう」というつながる気持ちを持っていきたいということです。

例を挙げると、最近、子どもの学校の給食費を滞納する親が増えていて「けしからん」と非難する声がありますね。確かに、自分の遊興費にお金は使っても、子どもの給食費を払わないのは問題だと思うのですが、単純に親を非難するだけでは根本的な解決に向かっていかないと思うのです。

どうしても貧しくて給食費を払えないというのは別でしょうが、払えるのに給食費を払わないというのは、子どもに学校で恥ずかしい思いをさせて、それをそのまま放置しているということですから、大きな意味では子どもに対する虐待なのです。

イギリスなどでは、虐待する人を説明するとき、これまで使っていた「虐待＝アビューズ（abuse）」という言葉を使わず、「イン・ニード（in need）」、つまり「助けが必要（な人）」という言い方に徐々に替えてきています。これは虐待する親自身にトラウマがあったり、病的な問題などがあるために適切に行動できないのであって、助けるべき対象だという考え方によるものです。社会や行政は、虐待の起こる家庭に対してケアする姿勢を持とうということなのですね。

給食費を払わない親、そしてその家庭は、他にも問題を抱えている可能性が高いわけですから、ただ取り締まるというのではなく、何かサポートできることがないか、周囲は配慮したい。親だけを非難すると、子どもは救われないどころか、逆にハンディを背負わせることになります。

「いい親・悪い親」、「うまくいっている家庭・うまくいっていない家庭」と評価を下し合うと、互いにどんどん離れるだけですから、お互いに助け合うような、つながりの精神を持っていきたいと思いますし、政策にもそれが反映されればいいと思います。

「子ども縁」を広げる

宮本　水島さんは精神科医として、人のつながりの大切さ、特に子どもの周囲にさまざまな人がいることがどれだけ子どもの育ちに大切かを指摘されましたし、泉さんは子育て支援政策に関する新システムの設計に腐心してきた立場から、幼保一体化と就学前教育に関するグランドデザインを示していただきました。お二人が示された事柄は、実は同じメダルの表裏の関係だと思うのですね。

つまり、戦前、地域で生きていたつながりをそのまま維持培養するのは困難ですから、これからは、家族が子育ての余裕や力を持てるように、行政がサポートする、あるいはみんなで分担していくことが必要なのです。前章でも必要縁に触れましたが、これからは「子どもをめぐる縁」、まさに「子ども縁」をつくっていく必要があります。そして行政はその場をつくっていく、提供していくということだと思います。

子どもの周りには、いつも子ども、大人を含めていろいろな人がウロウロしているのがいいのですね（笑）。そうすると親には働く精神的余裕ができるでしょうし、子どもはいろいろな回路を通じて、さまざまな人と接することになる。ときには、ある人に大目玉をくい、一方で逃げ場になってくれる人がいるという具合に、いろいろな体験を通じて大人を見る目ができていく。それによって地域全体のつながりが豊かになっていく。そのようなビジョンが、お二人の話から見えてきたという気がします。

冒頭でも強調したように、子育て支援は社会保障改革の「肝」です。少子化と高齢化は大変な勢いで進んでおり、生産年齢人口（15〜64歳）を分母に、老年人口（65歳以上）を分子にした分数式で推移を見ると、2005年は3人で1人の高齢者を支える「騎馬戦型」でしたが、2030年には2人で1人になり、2055年には、1・3人で1人を支える「肩車型」になります。

ところが、母親が仕事を辞めなければならないということであれば、生産年齢人口は力を発揮できません。子育て支援は、まず子どもの能力を高め、生産性向上の条件を広げます。同時に母親の就労条件を広げ、さらには出生率の向上を可能にする。つまり、生産年齢人口を強化する上で、子育て支援は決定的に重要なのです。

ところが、子育てに対する支援を強めると言ったとき、「社会による子育て」といった言葉尻をとらえて、「子どもは家族が育てるものだ」といった批判が出てくる。社会が家族に取って代わるような子育てができると、実際に考えている人がいるのかどうかわかりませんが、少なくともここで議論されていることは、家族や親子がより慈しみ合うための支援だと私は思います。

水島さんは子どもの育ちを極めて学術的に考えておられる専門家だと思いますが、子どもをめぐる「つながり」を強調する水島さんのお話からも、どこか懐かしい昭和の路地裏の風景がちらちら見えたような気がするのは私だけでしょうか。

ただ、先ほども述べたように、子育て支援は、エモーショナルな対立が生じたり、それをあおる政治もあったりで、なかなか難しい。「子どもの立場を第一に」という泉さんの提言を踏まえつつ、子どもへの投資、この国の未来への投資を増やしていきたいものです。

［2011年2月3日］

泉 健太《いずみ・けんた》

衆議院議員／1974年北海道生まれ。立命館大学法学部卒業後、国会議員秘書を経て2003年衆議院選挙に民主党から出馬し初当選。現在、3期目を務める。党次世代育成支援プロジェクトチーム事務局長など厚生労働、青少年問題関連の役職を歴任し、鳩山内閣、第一次菅内閣で内閣府大臣政務官（少子化対策、男女共同参画などを担当）に就任。2010～11年民主党子ども・男女共同参画調査会事務局長として子育て支援政策に取り組む。

水島広子《みずしま・ひろこ》

精神科医、元衆議院議員／1968年東京都生まれ。慶應義塾大学医学部、同大学院修了。2000年衆議院選挙に民主党から出馬し初当選。2期5年を務める。党の次世代育成支援プロジェクトチーム座長などを歴任。その後、対人関係療法の第一人者として臨床・研究・著作活動に専心。アティテューディナル・ヒーリング・ジャパン代表、対人関係療法専門クリニック院長、慶應義塾大学医学部非常勤講師。主著に『自分でできる対人関係療法』（創元社）、『「怒り」がスーッと消える本』（大和出版）ほか。

第五章　財源をどうするのか

大沢真理／土居丈朗／宮本太郎

現役世代を元気づけるために

宮本太郎　「世代間連帯」、「世代間格差」など、最近は「世代間」という言葉をよく耳にするようになりました。安心社会をつくるためには「世代間対立」こそ、避けなければならないことですが、日本はすでに現役世代が高齢世代を支え切れるかどうか、ぎりぎりのところまで来ています。

前章でも触れたように、2030年には、現役世代2人で高齢世代1人を支えなければならなくなり、2055年には1・3人で1人を支える「肩車型」になります。しかも、これは現役世代が全員就労している前提の比率ですが、現実にはそうなっていない。就労できない人はたくさんいるし、働けても非正規雇用などで十分、力を発揮できない人も少なくないのです。ですから、このまま行くと「肩車型」どころか、「ぶっつぶれ型」になってしまう。

相撲で言えば、日本社会はまさに土俵際なのです。高齢化による寄り切りか、財政赤字と国債増大による浴びせ倒しか、というところです。相撲の八百長問題が話題になりましたが、とても八百長で乗り切れるわけはない。ここはがっちり腰を入れ直して押し返す態勢をつくるためには、党派を超え、思想信条を超えて社会保障を組み立て直していかなければなりません。

今後、現役世代の不満が膨らんでいって、「社会保障は八百長ではないか」というような不信が広がり始めたら、現実はきちんと機能していても、将来に向かって成り立っていかなくなります。今が立て直す最後のチャンス、と言っても過言ではない。

ここであらためて現役世代の実態を見ておきましょう。

現役世代は若年層を中心に、従来になく弱い存在になっていますが、その弱さとは、第一に安定雇用の崩壊による経済力の弱さです。職業訓練の機会も得られず、力を蓄えられない若者たちも増えています。第二は人とのつながりの弱さです。未婚率は上昇し、世帯形成ができない人が増え、地域社会のつながりも弱体化している。第三は現役世代の人口規模自体が小さいことです。日本の人口は2006年から減少モードに入っていますが、現役世代（生産年齢人口）に限ってみれば、すでに1995年から減少しています。

このように弱々しくやせ衰えた現役世代を元気づけるために、社会保障は具体的にどう変わっていくべきなのか。また、それを支える財源をどう捻出するのか。本章では、社会保障をめぐるお金の使い方を中心に議論していきたいと思います。

図表5-1　純合計社会支出(2005年)

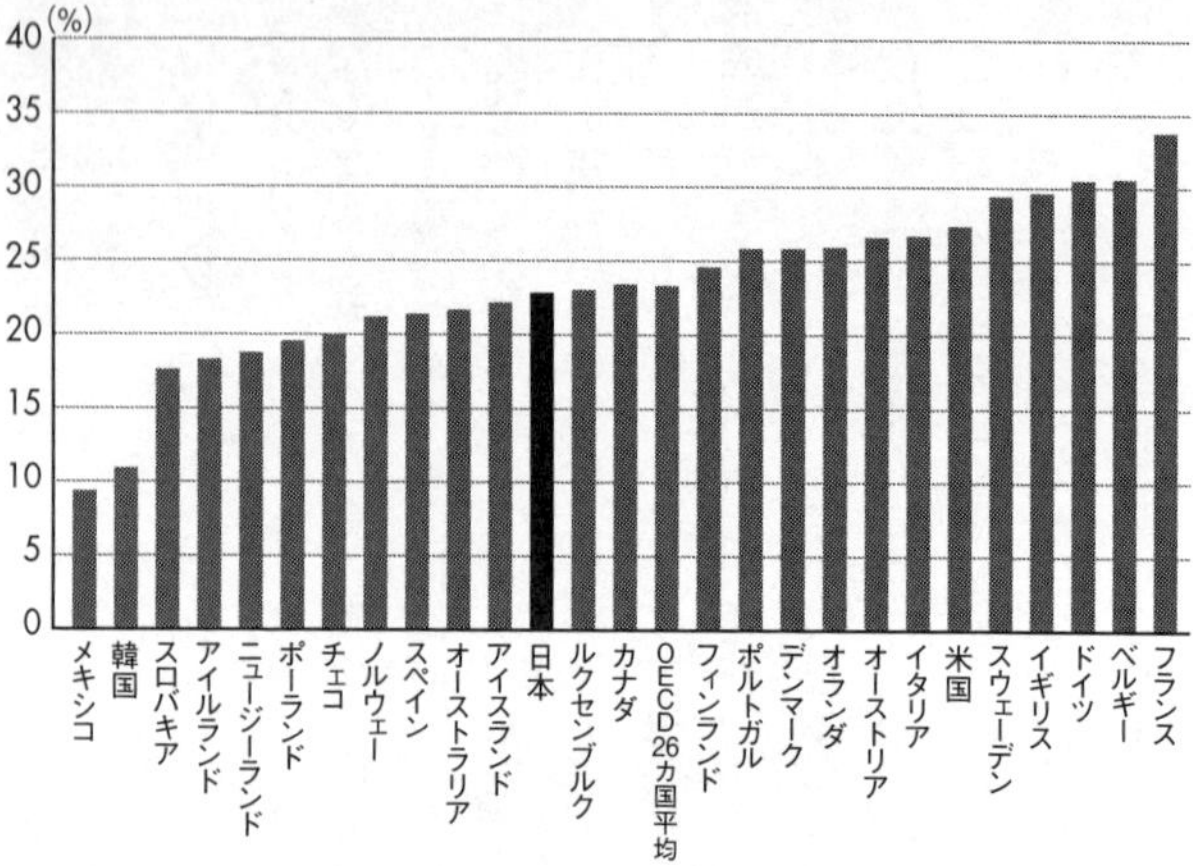

出所：Adema and Ladaique, How Expensive is the Welfare State? (2009)

再分配で生じる「逆機能」

大沢真理　日本の社会保障の問題点を端的に言うなら、「お金の使い方が下手」ということです。

決してお金を使っていないわけではないのですね。

それがわかるのが「純合計社会支出」（図表5―1）です。「純合計社会支出」とは税や社会保障だけではなく、医療を受けたときの自己負担や個人年金などの私的な負担も含んだ、国民が福祉や生活の保障のために使っているお金の合計です。グラフはそのGDP比を比較したものです。

社会保障関連のランキングというと、高福祉高負担の北欧諸国がトップクラスで、次にドイツなど中・西欧諸国、その後にアングロサクソンの国々や日本などの順になっているのを目にすることが多いでしょう。しかし、それは「公的な社会支出」の場合です。このグラフの順位は違っていますが、私的な支出を含むと変わってくるのです。日本は北欧のノルウェーよりも高い。

日本はこれだけお金を使いながら、例えば現役世代の失業保障や雇用対策、あるいは子育て世帯を支援する支出は手薄くなっているのです。

国民にとってみれば、仮に税金など公的負担が軽減されても、家計にはさまざまな福利厚生的支出はあるわけで、１９９０年代半ばから個人年金や医療保険など私的な金銭負担は増えています。つまり、生活保障関連の支出は、国から出るか、国民自身のポケットから直接出るかの違いがあるだけで膨らんでいるのです。その実態を踏まえれば、もはや「中福祉中負担がいいか、高福祉高負担がいいか」などという議論は的を射ていないと言えるでしょう。

次に現役世代の「相対的貧困率」（可処分所得が全国民の可処分所得の中央値の半分に満たない国民の割合）を見ましょう（図表５―２）。相対的貧困の基準は、日本では生活保護基準と一致しています。高い順にメキシコ、トルコ、米国で、その次の第４位がなんと日

図表5-2　相対的貧困率（生産年齢人口/2005年）

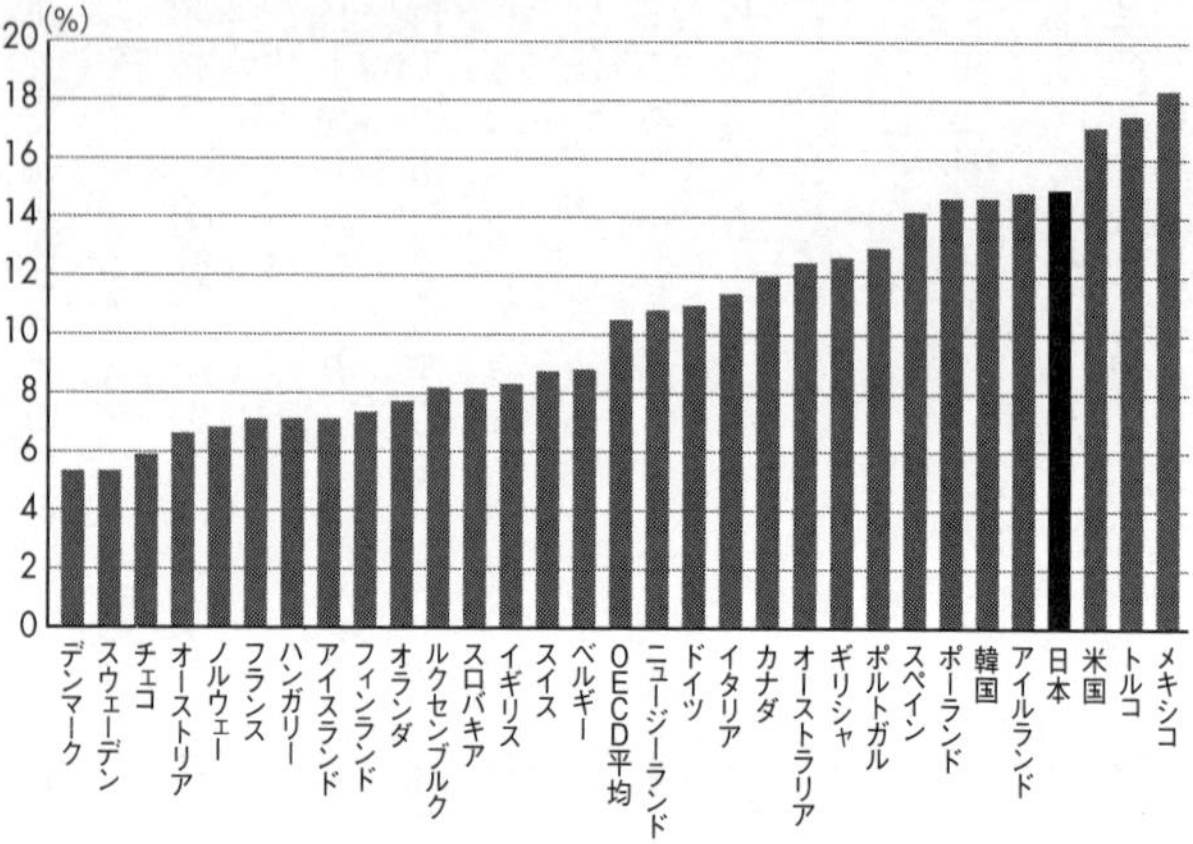

出所：OECD.Stat, Social and Welfare Statistics, 2009

本です。使っているお金は少なくないのに、貧困を抑えられていない。つまりは、きちんと再分配ができていない、コストパフォーマンスが悪いということなのです。

　では、政府が税や社会保障制度で再分配をすることによって、一体どれくらい貧困を削減できているのか。それを示すのが「直接税と社会保障現金給付による貧困削減率」（図表5―3）です。これは現役世代を2グループに分けて、国際比較しているのですが、一つは、「成人全員が就業している世帯」、もう一つは「カップルの1人が就業している世帯」で、専業主婦世帯はここに含まれます。

　日本の場合、全体的に貧困削減率の低さが際立っていますが、特に「成人全員が就業し

図表5-3　直接税と社会保障現金給付による貧困削減率
（生産年齢人口の世帯類型別/2005年）

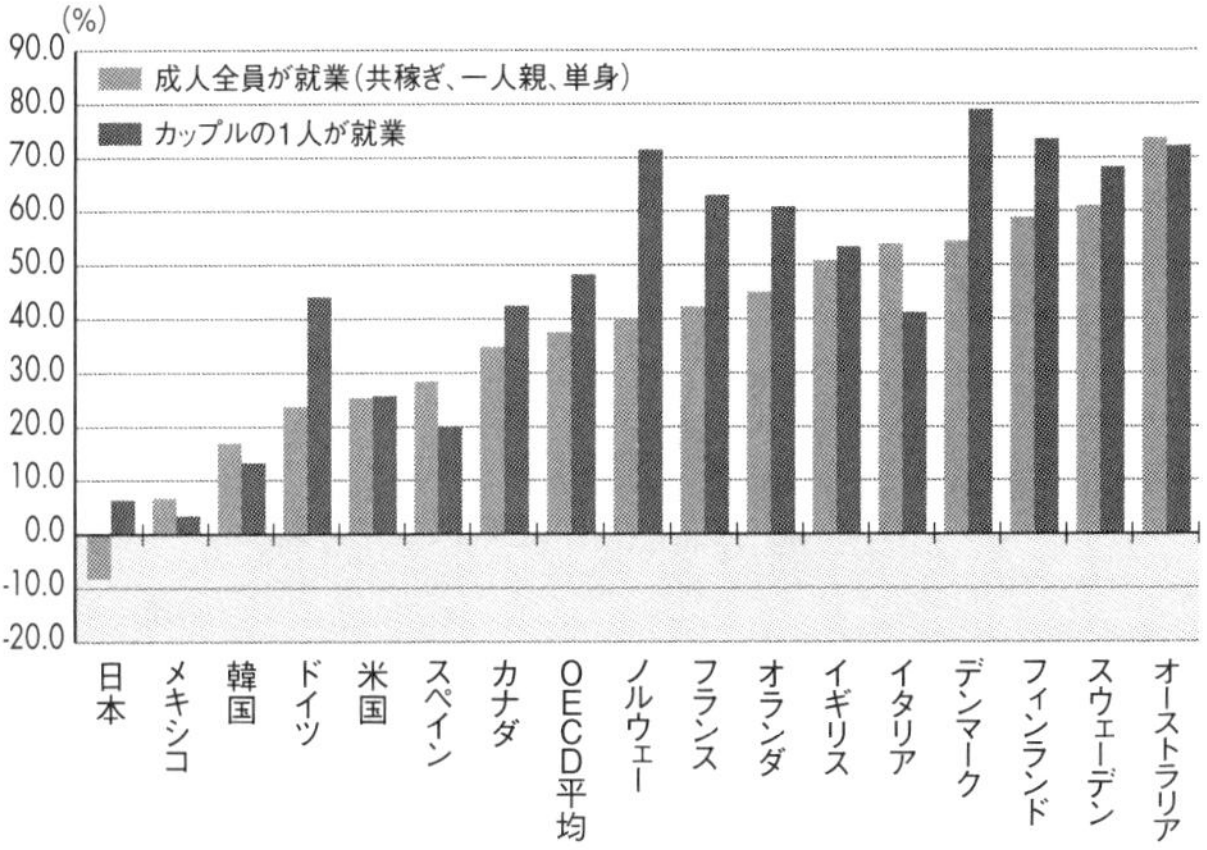

出所：OECD, Employment Outlook 2009より作成

ている世帯」つまり共稼ぎや単身、一人親の世帯の場合にはマイナスの値になっています。

　これは、社会保険料や税の制度が男性稼ぎ主が妻子を養う世帯をモデルにした古い制度であるために、共稼ぎ世帯などでは再分配を受けると相対的貧困率が高くなってしまうのです。私はこれを「逆機能」と呼んでいますが、先進諸国のなかで日本だけの現象ですね。

　人口が減少し、社会の支え手が減っていくなかで、共稼ぎでよく働いている世帯ほど報われない、ということは、まさに働くことを罰しているようなものですね。

　こうした貧困に関する国際比較のデータが表に出て議論の俎上《そじょう》に載せられるようになったのは、政権交代後の最近のことです。それまでは、OECDから報告書が示されても、政府は振り向くことはなかった。むしろ、データの根拠がおかしいのではないかと国会で答弁していたほどですから。

広がる高齢世代の格差

大沢　現役世代の不遇は、社会保障支出が高齢者向け、特に年金に偏重していて、その裏返しとして現役世代の雇用関連や子育て支援など将来に向けた前向きのサービスに十分にお金が使われていないことによるものです。

しかし、高齢世代の年金は削っていいかというとそうではない。最低保障年金は必要です。なぜなら、日本は高齢者の貧困率も20%を超えていて、OECD諸国のなかでは7位と高いのです。年金にたくさんお金を使っているのに、高齢者の貧困も決して抑えられてはいないのです。

ただ、医療費については日本の社会保障の実態について違う面が見えてきます。GDP比の値がOECD諸国のなかで最も少なく、お金が使われていない割に国民の健康水準が高い。コストパフォーマンスがいいのです。

今後、考えられるべきことは、所得の高い高齢者の年金の給付額を抑えられないかということです。

実は、スウェーデン、イギリス、ドイツ、米国、日本で、モデル年金の給付水準を比較すると、日本が最も高いのです。スウェーデンでは、年金の平均賃金に対する代替率は40%を割っていますし、年金大国ドイツも43%程度。しかし、日本は50%を割ったら大変だと大騒ぎをしているのですね（笑）。

しかも、日本のモデル年金は専業主婦世帯を基準にしたもので、共稼ぎ、単身世帯の年金水準はずっと低い。ここでも逆機能になっているのです。


土居丈朗 政府がこれだけ税金や社会保険料を集めていながら、国民の満足度は低い。特に若い世代に対する給付がほとんどないことが問題ですね。

年金に関しては、最低加入年数が25年以上でないと一定の受給額をもらえないということがあります。加入年数が40年以下だと受給額が少なくなり、25年以下だとまったく受給できないので、無年金の人は結局、生活保護を受けることになる。生活保護世帯の半分は高齢者ですから、高齢者に対しても年金が生活保障の役割を果たしていない。一体、何をしているのか、ということです。

また、年金所得に対する課税がほとんどできていないので、所得の高い恵まれた高齢者も所得税を払わなくていいことになっています。同じ年収300万円でも、年金所得の高齢者はほとんど課税されないのに、若いフリーターはたくさん所得税を払わなければならない。そんな所得税制も改めなければならないでしょう。

大沢　日本は、高齢世代の方が現役世代より所得格差が大きいという面でも、OECD諸国のなかで珍しい国なのです。他の多くの国では、引退すれば現役世代に支えられ、高額所得者は減り、所得格差は縮まって当然ということなのですね。

日本の高齢世代で所得格差が大きい理由の一つは、65歳以上で現役並みに働いて給与所得のある人が多いからですが、欧米では「ハッピーリタイア」で、そういう人は少ない。日本は「生涯現役」が良しとされ、それにはいい面もあると思うのですが、制度の方は、高齢世代には税金をかけないということになっているから、所得格差が広がってしまう。

なぜ貧困への取り組みは遅れたのか

大沢　子どもに焦点を絞っても、日本の社会保障はよく機能しているとは言えません。

「子どもの貧困率」は、子どもの総人口に占める貧困世帯に属する子どもの割合なのですが、OECD諸国のなかでも日本は高い方です。しかも、再分配の後に貧困率が高くなってしまうという意味で逆機能している唯一の国なのです。

つまり、日本の制度は結果としてみるならば、働くことも罰するが、子どもを生み育てることも罰していると言っていい。政治家や官僚は少子化について「国民の意識が問題だ」と言うのですが、「まず制度をよく見てください」と言いたいのです。

実は、子どもの貧困に関する逆機能について、政権交代前の2009年4月の経済財政諮問会議に資料が提出されたのですが、貧困率の計算に「サービス給付分が含まれていない」と解説されるだけで、問題にされることはなかった。この20年ほど、こんな調子で問題は見過ごされてきたのでしょう。

その背景についてはいろいろと考えられますが、一つは省庁が縦割りで、すべてを総合したときの結果に責任を持つ部署がなかったことです。財務省は税、厚労省の保険局は保険、年金局は年金、児童家庭局は児童手当という具合に、個別にきちんと所管していても、政策や給付全体を総合した場合、一体どういう効果が及んでいるのかを把握する部署がない。

スウェーデンはじめ主要国では、税と社会保障給付などを総合的に見るしくみができていて、それが普通なのですが、日本はそうなっていないのです。

土居　省庁縦割りでうまくいっていた時期もあったのですね。

高度成長期には、省庁の各部署がそれぞれ欧米並みの制度をつくろうとキャッチアップに力を入れていました。安定成長期に入ってほぼ欧米並みになり、現在のような体制で定着したのです。

しかし、その後、バブル崩壊で終身雇用などの日本型雇用慣行が変わってしまい、それまでの成長は望めなくなった。成長率が下がったら立ち行かなくなる、という社会保障の不備は抜本的に改革されることなく、不況に直面し、お金が回らなくなった。そして貧困が政治問題として一気に噴出したのです。

これは、かつて銀行の不良債権問題が起こったときに「成長率が回復すれば、銀行は自力で損失処理しなくても何とかなる」と言われていたのと似ています。制度に欠陥があるのに、その発覚を避けていたというか、遅らせる結果になってしまった。

緩和すべき社会保険料の逆進性

大沢　日本は可処分所得では貧困率は高い方なのですが、税や社会保険料などを引かれる前の市場所得（当初所得）について見ると、現役世代に限ってみればＯＥＣＤ諸国のなかで貧困率は低い方から2番目くらい。不況とは言っても、民間レベルではかなり健闘しているのです。それが国の財政の手が伸びて再分配されるとワーストになる（笑）。

この可処分所得と市場所得の貧困率のギャップに、日本の税制と社会保障制度の問題が表れていると言えるでしょう。

日本の税収が最も高かったのは1990年で、それから2003年まで一貫して下がってきたのですが、その理由は、高所得者や資産家、企業に対する減税を繰り返してきたからです。その結果として、払う能力のある人により多く払ってもらうという性質が税制からほとんど消えてしまった。

他方で、社会保障負担は着々と増えてきました。2000年くらいから社会保険料負担の総額は、国税収入の総額を超えている。日本で重いのは、税金ではなく社会保険料負担なのですよ。

しかも、この負担は所得の低い人ほど重いという逆進性を持っていて、税と社会保障の主客が入れ替わった状態になっている。この20年間、そうした状態が進行してきたので、日本の財政は低所得者に非常に冷たいものになったのです。

土居　おっしゃるように、社会保険料の逆進性は大きな問題です。

国民年金、国民健康保険の加入者には若干の減免制度があるものの、基本的に社会保険料は、所得が高くても低くても同じ金額を払うことになっている。

国民は、所得税増税には反対しつつ、年金をはじめ社会保険料の引き上げは我慢するということでやってきたのですね。今でも、年金保険料は毎年着々と上がっており、定額負担部分も増えている。結果として、図らずも逆進性が高まってしまったのです。

これには対策を講じるべきでしょう。消費税増税をするにしても、食料品など一部の税率を軽くする軽減税率であれば逆進性緩和にはパンチが弱い。低所得者には給付付き税額控除のようなかたちで、きちんとターゲットを絞った社会保険料負担の軽減が必要だと思います。

宮本　大沢さんが、再分配前の市場所得の段階では日本の貧困率は高くない、つまり、格差は比較的、抑制されていると言われました。確かに質はさておき、雇用については全国津々浦々に行き渡り、男性稼ぎ主中心の雇用形態ではあるものの、それなりに安心のかたちはでき上がっていたのですね。

問題は日本社会には全体の設計図がなかったことです。例えば、日本の雇用を支えてきた大企業の長期的雇用慣行は、労働組合が強かった時代の力関係のなかで生まれてきたし、地方の利益誘導型の公共事業は、田中角栄氏のような政治家が野党の勢力拡大に対して、なるべく地方に親密な有権者をとどめておこうということで増やしたわけです。

さまざまな意図のもとで個別に制度設計がなされ、なんとか相撲をとれるかたちにはなったけれど、誰も全体の設計図を持っていないので、それが時代に合わなくなったら、どうしたらいいかわからない、公的なお金の流れにも矛盾が出てきている、という状態ですね。

全体の設計図がなかったことに加え、これまで雇用を維持するしくみでは、行政・官僚制の裁量的で恣意的な介入が大きな役割を果たしました。公共事業がよい例です。このしくみは壊れていますが、行政に対する不信と反発は強く残っています。

大沢さんが指摘されたように、税より社会保険料負担が重くなり、高額所得層に対する減税が進められたことは、一面ではこうした行政不信の反映でもありますし、またそれを逆手にとった施策であったと見ることもできるでしょう。ところが、もはや増税論議を回避しながら議論を進めることは困難になっています。

図表5-4　高齢者3経費と消費税収の差額の推移

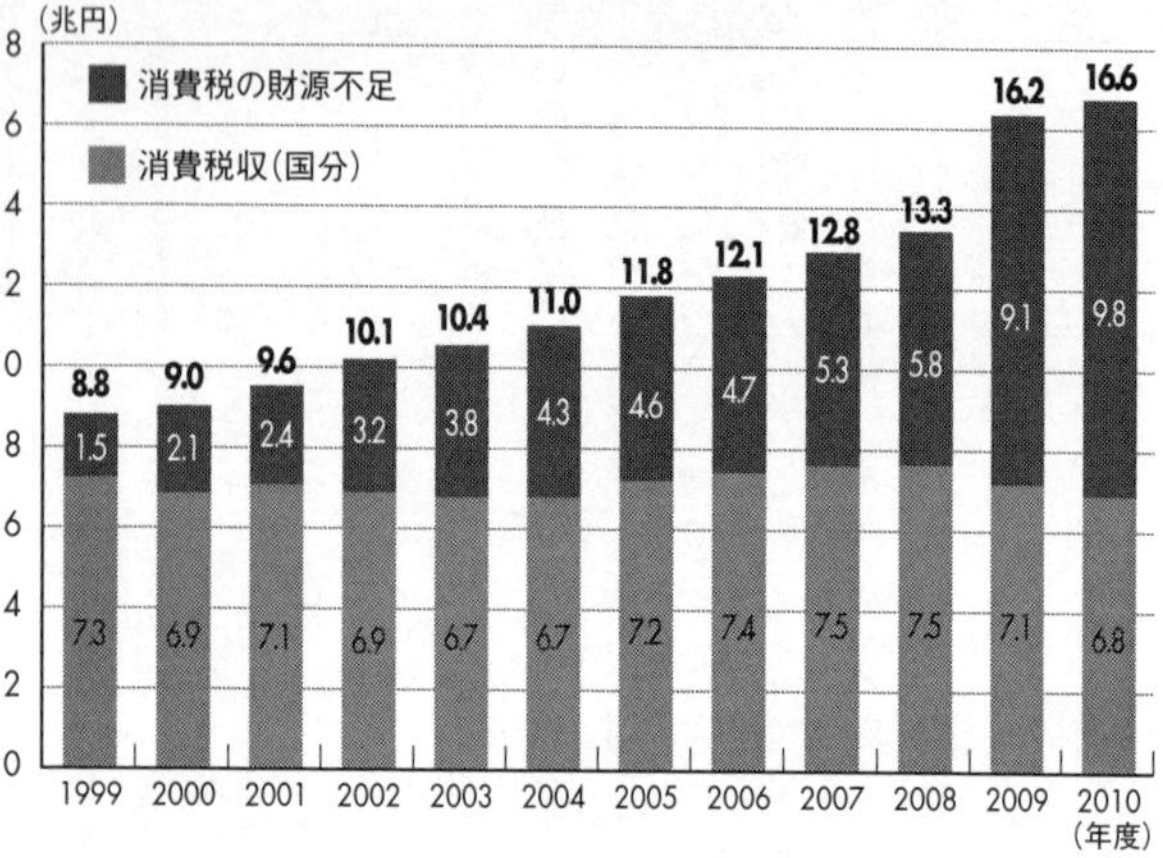

注：金額は当初予算ベース。

消費税増税はなぜ必要か

土居　消費税を５％のまま増税せずに社会保障を維持することは、絶望的に無理だと思います。

消費税収の使われ方の実態を見ると、１９９９年度から高齢者の医療、介護、基礎年金、いわゆる「高齢者３経費」に重点的に充てるとされています（図表５―４）。

99年は消費税収が７・３兆円あって、それが当時の高齢者３経費に近い額でした。ところが、年々高齢化が進んで経費がどんどん増えていき、最初は８・８兆円だったのが、２０１０年には16・６兆円まで増えています。

一方、消費税収は景気が低迷していることもあって横ばいを示している。

結局、2010年は、高齢者3経費だけで16・6兆円かかるのに、6・8兆円しか用意できていない。足りない分は通称「スキマ」と呼ばれているのですが、今や9・8兆円になっていて、多くは赤字国債で賄っているのです。この赤字国債の返済で増税を受けるのは将来世代ですから、放っておくと恩恵を受ける高齢者が負担しないまま、将来世代にツケを回していくことになりかねない。

せめて、今生きている世代で高齢者3経費をきちんと賄おうとするならば、どうすればいいか。消費税だけを充てる場合は、消費税1%が税収2・5兆円に相当するので、足りていない10兆円の税収を賄うには4%の増税、さらに社会保障の充実のために上乗せすると、5%くらいの税率アップが考えられます。

ただし、高齢者3経費が今後、横ばいであればいいのですが、毎年1兆円を超える自然増がありますから、先々を見越して余裕を持って考えるとすれば、消費税を5%上げてもお釣りが来るという計算にはならない。2020年までには、最低でも15%、できれば20%くらいにならないとうまくいかないだろうと思います。あとは社会保障給付費をどれだけ充実させるかにかかってくるでしょう。

20%は、決して驚いてはいけない数字だと思うのです。介護の充実や医師不足解消など、さまざまな要求に応えていくとすれば、きちんと税収を確保しなければならないと思います。

税率の上げ方は少しずつ段階的にではなく、できれば早く最終到達点である税率に上げることが望ましいでしょう。例えば、2020年時点の社会保障の姿を描いて、そのためにどれぐらいの費用が必要かを逆算した上で税率を設定する。それを早く取り入れて、それ以上は上げない努力をするということです。税率アップが遅れれば遅れるほど、歳入不足で借金が雪だるま式に膨らむことになります。

消費税が高くなっても、その他の税や社会保険料について逆進性の解消が図られれば、低所得の人がますます貧困になることはありません。

北欧諸国では付加価値税率25%程度ですが、貧困率は日本より低いですね。要は、国のお金の使い方、再分配のしくみが適切になされれば、低所得者の生活は守られるのです。

宮本　高齢者3経費のスキマの解消に消費税5%アップで、現役世代には特に恩恵なし、というのでは、さすがにこの世代の納税者たちはキレてしまい、国に協力する気力を失うでしょうね。

土居　増税分は、少子化対策など若い世代向けの財源にも充てることを視野に入れて計画し、それを国民に示していかないと、世代を超えた賛同を得られないでしょう。

宮本 消費税20%という数字は非常にショッキングですが、受け止めなければいけない部分はあるでしょうね。ただ、いきなりそうした水準の増税は困難です。

増税によって何をしていくのか、それを社会の活力を増すためにどう使うかをきちんと議論していく必要があります。「高齢世代向けの支出に偏っているので、全世代対応を」というのが基本的な考え方ですが、それぞれの支出項目がどの世代のためかということは、あまり単純に判断できません。

例えば、介護について見ると、親などの介護に対する支援が十分でないために会社を辞める人は今、年間約15万人います。2000年に介護保険制度が導入されたときは10万人だったので、1・5倍に増えている。介護は高齢者向けの支出ですが、きちんと使われれば、介護の負担を免れて仕事ができるようになる現役世代の人も多いのです。

借金財政は何とかしなければなりませんが、他方で、支援型のサービス強化がなされなければ現役世代は負担だけを強いられ土俵際でへたばってしまう。そうしたら税金を納める人も減ってしまう。

この事態を冷静に掌握している政治家はどれくらいいるのか。残念ながら、そういうところから議論を始めなければならないようですね。

所得税の機能回復を

大沢　日本の税制の大きな課題の一つは所得税収の低さで、国際比較すると際立っています。前述したように、高額所得者や資産家に対して減税を繰り返してきたので、税収を調達する力が極限まで弱まっているのです。

政府税制調査会の専門家委員会では「所得税と消費税は車の両輪である」としているのですが、所得税の現状を是正しないで、消費税収だけを引き上げるのは間違いではないかと思っています。

所得税には、景気の浮き沈みに対する弾力性が高いという非常に重要な機能があります。これに対して消費税収は、景気に変化があっても、あまり税収が変わらない。ここが所得税と消費税の異なる点です。景気が過熱してきて国民の所得が上がってきたら、上がった分以上に、所得税収は上がり、そこに累進性がある。裏を返せば、景気が冷え込んできて所得が減ると、所得が減った分よりも税収が減る、つまり、あまり税を取られなくなる。要は、景気のサイクルに対して反対に動くということで、これを「景気の自動安定化機能」と呼んでいます。

このように所得税は、景気動向やリーマン・ショックのような外部からのショックに対してタフな経済をつくるのに役立つ機能を持っている。その重要性は忘れてはならないと思うのです。

その所得税の累進性が段階的に失われてきたのは1990年からです。決して「税金の高い国に変身せよ」とは言いませんが、少なくとも20年前の、つまり金持ち減税する前の税制の姿に戻ったらどうか。そこまで戻らずとも手直しは必須だと思います。

では、日本はどうしてこんなに金持ち減税をやってきたのでしょうか。

それは自民党政権が、金持ちが潤うと景気が活性化し、その恩恵が恵まれない人にも滴り落ちるという考え方をしていたからです。

しかし、実際は、なかなか滴り落ちないことがはっきりしたのですね。特に2000年代に入ってから景気は69カ月間拡張し、企業の実質収益も増えたのですが、雇用者の実質報酬は指数100の値に張り付いたまま、まったく変化がなかった。デフレなのに張り付いているのですから、額面では下がっているわけです。

1997年から日本の平均名目賃金は下がり続けています。当時と今を比べると、もう

10％以上、名目賃金は下がっている。このような状態になっているのは、世界の主要国でも日本しかありません。２０００年代に入ってから、働く人にお金が回らないしくみが定着してしまったとも言えるのです。

土居　民主党政権が給与所得控除を縮小したことは、所得税の累進度を高める意味で評価できることだと思います。高額所得者は課税所得の縮小という恩恵をずっと受け続けてきたのですが、これによりきちんと応分の税負担をしてもらうことになる。こうした所得税に関する見直しが今後の税制改革を進める上での足がかりになればいいと思います。

ただ、どんどん最高税率を上げると高額所得者の流出を招くことになるので、それは避けた方がいいのでしょうね。

大沢　最高税率を上げなくても、税率のブラケット（適用所得区分）を手直しすることで、かなり累進度は回復できると思うのですね。

グローバル化と企業の負担

土居　法人税については、現政権もグローバル化の流れは抗《あらが》えないとして、それに順応するための税率に下げざるを得ないということでしょう。税率を上げて、企業が海外に逃げてしまえば税収をとり切れない。

企業にとっては、節税対策のために税理士に高いコンサルティング料を払う必要がない程度の税率なら、払ってしまおうということになります。

大沢　企業の負担については、法人税の他に社会保険料の負担があります。ただ、これは企業と被保険者の折半で、雇われる側には重いのですが、企業にとってはさほど重くはない。社会保険料の高いスウェーデンやフランスでは、企業がほとんど負担しています。

グローバル化がますます進むなかで、日本企業は今後、税や社会保険料の負担に耐えられるのかという懸念があるかもしれません。しかし、耐えられるかどうかは、そもそも日本企業が、今後どこを相手に競争していくのか、ということにかかっているのです。賃金の安い新興国の製造業と競争していこうとするなら、日本国内で賃下げを推し進めるしか手はないのですが、いつまでもそれでいいのか、という問題がありますね。

ここは成熟経済の国として、もっとレベルの高い競争に入っていくべきなのではないか。今がその岐路だと思うのです。

今生きている世代で支え合う

大沢　世代間対立を超える社会保障にしていくために、私があらためて強調しておきたいのは「多様な社会サービスと最低保障年金を」ということです。

多様な社会サービスとは、子育て支援など現役世代向けのサービスを豊富にしていくことで、現役世代が弱り切ってしまう前に支援をしなければなりません。

そして最低保障年金がぜひ必要だと思いますが、それを確保するためには、恵まれた高齢者の年金給付にも税金をかけるべきだと思います。

土居　私は「財源は今生きる世代で負担しよう」ということと「財政の健全化」を再度、提起しておきたいと思います。

まずは、今生きている人たちできちんと財源を負担することが大事です。

所得税は、公的年金と控除があるために、どうしても現役世代に集中してしまう傾向があります。負担を分散するためには、年金に対する課税を強化する方法もありますが、私の見通しでは、高齢者の反対で、残念ながら早急には実現しないだろうと思うのです。ただ、合意を得られるまで待つというのではなくて、消費税で高齢者にも負担をお願いしつつ、所得税制も見直していくというやり方が必要でしょう。

そして忘れてならないのは、財政健全化と社会保障の充実は、車の両輪として同時にやっていくべきだということです。借金が多くては、とても将来世代に明るい未来はひらかれません。

宮本 社会保険と税、さらに消費税、所得税、法人税というそれぞれの税の性格を踏まえて、それらをどう組み合わせるか。お二人の議論は見方の違いもありましたが、問題の所在がかなり見えてきたと思います。お金が足りなくて暗たんとせざるを得ないところもありますが、使い方の工夫次第で安心社会への道はひらけるのではないか、という希望も見えます。

日本人が税金を「第二の貯金」と感じることができるまでの道のりは長いかもしれませんが、納税者が、「還ってきている、有効に使われている」と感じることができるような社会保障を実現しながら、少しずつ行政と社会保障の信頼を高めていくしかないでしょうね。

［2011年2月4日］

大沢真理
おおさわ・まり

東京大学社会科学研究所教授（社会政策の比較ジェンダー分析）／1953年群馬県生まれ。東京大学大学院経済学研究科博士課程単位取得退学。東京大学社会科学研究所助手、東京都立大学経済学部助教授などを経て、98年より現職。内閣府男女共同参画会議影響調査専門調査会会長、政府税制調査会専門家委員会委員長代理など歴任。主な編著書に『現代日本の生活保障システム―座標とゆくえ』（岩波書店）、『承認と包摂へ―労働と生活の保障〈ジェンダー社会科学の可能性〉第2巻』（同）ほか。

土居丈朗
どい・たけろう

慶應義塾大学経済学部教授（財政学、公共経済学）／1970年奈良県生まれ。東京大学大学院経済学研究科博士課程修了。東京大学社会科学研究所助手、慶應義塾大学経済学部助教授、財務省財務総合政策研究所主任研究官などを経て、2009年から現職。行政刷新会議ワーキンググループ評価者、財務省財政制度等審議会委員など歴任。編著書に『日本の税をどう見直すか』（日本経済新聞出版社）、『地方債改革の経済学』（同）ほか。

第六章 政治をどう変えるか

藤井裕久／与謝野　馨／宮本太郎

なぜ政治は前に進めないのか

宮本太郎　安心社会への道筋について、経済成長や就労などの観点から提言を出し合ってきたのですが、優れた処方せんがあっても「先立つもの」がなければ実現しません。

社会保障の財源については、私が座長を務めた政府の「社会保障改革に関する有識者検討会」がとりまとめた「安心と活力への社会保障ビジョン」（以下「ビジョン」）でも重要なポイントとして提言しています。それは「社会保障強化と財政健全化を一体のものとして、同時追求する」ということなのですね。

「社会保障を厚くすると財政負担が大きくなり、財政健全化は進まない」と思われがちですが、それは間違いです。社会保障を棚上げして財政健全化にまい進すれば、国民の生活は弱り、仕事に就けない人が増えて、税金を納める能力を持った人が減少していく。財政の帳尻は合っても、国民にとって意味のない「健全化」になってしまいます。手術は成功したけれど患者は死んでしまった、というようなことになるのですね。

逆に、財政の健全化を棚上げした社会保障改革もあり得ない。財源の裏付けなしに制度は維持できませんから。両者は同時推進しないと達成できないのです。

実は社会保障改革の中身については、与野党を超えてだいたいの方向性が共有されつつあります。先ほどの「ビジョン」も、藤井裕久さんが会長を務められる民主党の「社会保障と税の抜本改革調査会」（２０１０年10月発足）と連携してまとめたものですし、自民党政権下でも、福田内閣のときには「社会保障国民会議」（２００８年）で社会保障の機能強化について議論が交わされ、将来の社会保障支出と必要とされる財源についてシミュレーションが重ねられました。ついで麻生内閣では、当時財務大臣の与謝野馨さんが開催に尽力された「安心社会実現会議」（２００９年）が開かれました。これには私も参加しましたが、雇用や教育を視野に入れた安心社会に向けての提言が行われた。こうした議論の蓄積を継承、発展させていくことが大事だということも、先の「ビジョン」で強調した点です。

社会保障改革については、このように今日まで脈々と議論が重ねられ、自民党政権末期からは税制との一体改革の必要性について超党派的な合意が築かれてきました。しかし、未《いま》だ目に見える取り組みはありません。

なぜ、政治は次の一歩を踏み出すことができないのでしょうか。

与謝野馨　これまで社会保障については、本当にさまざまなかたちで議論が重ねられてきたのですよ。「安心社会実現会議」でまとめた提言も、今回の「ビジョン」に引き継がれていると思っています。

しかし、最近、痛感するのは、社会保障の問題は政権与党だけでは、とても解決できないということです。かつて自民党が衆参両院で多数を占めていたときでさえ、根本的な問題は解決できなかったのですね。国会のなかでの対決は厳しかったし、与党は選挙にどう響くか、ということを考え過ぎてどうしても決断が鈍ってしまう。それでなかなか前に進めないというのが、この20年ほどの歴史なのだろうと思います。

ただ、こうしたことは日本だけのことではないのです。米国でも医療制度改革でオバマ大統領は苦戦し、政治的対立は残っている。スウェーデンでは、社会保障充実に伴って税制をどうするかの局面でやはり行き詰まり、一時、政党間の政治的な対立を休戦しようということになった。その後、超党派で集まって結論を出し、全体で承認して制度改革につながったのです。

今の日本は残念ながら国会があまりにもギスギスと対立していて、超党派で議論しようという前向きの雰囲気はない。そうなると、国民にとって最も重要な問題であるのに解決に向かって動いていかない、ということになるのですね。

藤井裕久　実は、2005年、小泉内閣のときに超党派の議論の場は設けられたのですよ。「年金合同会議（年金制度をはじめとする社会保障改革に関する両院合同会議）」といって、当時、自民党政調会長の与謝野さんが会長、民主党政調会長の仙谷由人《せんごくよしと》さんが会長代理を務められた。社会保障改革の骨格をつくることになっていたのですが、残念ながら、郵政選挙で頓挫してしまった。

宮本　今回の私たちの「ビジョン」でも、今後、超党派的な会議が不可欠だとして、「社会保障諮問会議」という与野党議員と有識者で構成する常設の会議の設置を提案しています。

これはもちろん、翼賛的な政治を求めているわけではなくて、社会保障を政争の具にすることなく、安定的に議論していく場を確保することが重要だからです。政権が代わるたびに年金制度が変わっていたら、迷惑を受けるのは国民ですから。

今までの議論経過で、社会保障強化について合意の土壌はできているのですから、フレームをきっちり固めて、その上で活発に議論できるようになればいい。そうした場を早くつくらなければと思います。

完全目的税を目指せ

藤井　私が始めた「社会保障と税の抜本改革調査会」では、若い議員たちに、これまでの社会保障論議や政府の取り組み経過について、かなり勉強させたのです。その主なテキストの一つが、与謝野さんがリードされた「安心社会実現会議」の提言だったのですが、あれ以降の有識者の方々の提言を振り返ると、どなたも方向性はほぼ一致している。ですから、議論を継続し深めていけば、必ずまとまっていくはずです。

私たちの調査会で、ぜひ実現したいと提案しているのは、社会保障に的を絞った完全な目的税です。ただ、過去の失敗例を振り返ってみても、税制改革は本当に難しい。

例えば、1979年に大平正芳《おおひらまさよし》首相が消費税導入を提起して失敗し、1987年に中曽根康弘《なかそねやすひろ》首相も売上税を提唱して失敗している。二人とも尊敬するリーダーで、大変素晴らしい政治家だと思っているのですが、この税制改革についてはうまくいかなかった。

なぜ失敗したのかと言えば、結局、「理念としての消費税」になってしまったからでしょうね。理念だけが先行すると、どうしても一般財政の穴埋めになってしまいがちで、「社会保障のために使うと言っているけれど、ウソだ」、「どうせ、役人の給与になるのだろう」と勘ぐられたりするのです。また、「福祉目的税」というような、あいまいな言い方をすると、あれもこれもと使途が膨らんで、税率を上げざるを得なくなる。

それを避けるためには、医療、介護、年金の３事業に限定した完全目的税を確立するしかないのです。そして「特定の目的以外には使わない」と言明するだけではなく、経理的にも、法律的にもきちんと裏打ちをして、他に行きようがないしくみにしておくことです。だから、「会計的、法律的、完全目的税」と強調しておきたいのですね。

経済恐慌時に蔵相として手腕を発揮し総理大臣も務めた高橋是清《たかはしこれきよ》も「観念的な財政再建では意味がない」というようなことを言っている。経済成長にもつながる、実のある財政健全化を目指すべきということなのですが、まったくその通りだと思うのです。

高橋是清に対する評価は、与謝野さんとも一致しているのですよ。

与謝野　要は、社会保障に関する独立した会計をつくることが大事だと思うのです。消費税の税収はすべてそこに入り、そこから医療・年金・介護のために支出されるという流れがきちんと見える。それを国会の側でもきちんと監視できるというしくみにすればいい。
ただ、「特別会計」というような呼び方は、誤解を受けるので、やめた方がいい（笑）。

藤井　「母屋（一般会計）でおかゆをすすっているのに、離れ（特別会計）ですき焼きを食っている」と言ったのは、小泉政権時の塩川正十郎《しおかわまさじゅうろう》財務大臣だった。また、「すき焼きを食っているのではないか」と国民に勘ぐられてはいけない（笑）。

呼び方はともかく、社会保障の会計を完全に別個にするという完全目的税の考え方は必須です。

もっと言えば、政府には「社会保障政府」、「一般政府」、「地方政府」の3つがある、という考え方でやっていくというのも一案なのです。もちろん、これは具体的に実現するというのではなくて、スローガンとしてですが、それぐらい社会保障については独立性を持って取り組んでいくと周知徹底することが必要でしょうね。

与謝野 収支を独立させるということだから、確かに政府を別につくるようなものです。

低い日本の租税負担率

宮本 ここで、現在の消費税の使途（図表6―1）を確認しておきたいのです。
平成22年度の予算ベースで見ると、消費税収12・1兆円のうち、6・8兆円は国で、あとは地方に行くのですが、国の分が「高齢者3経費」、つまり、基礎年金、老人医療、介護に充てられる。しかし、3経費の支出は16・6兆円ですから、すでに9・8兆円足りていない。

図表6-1　消費税の使途（平成22年度予算の場合）

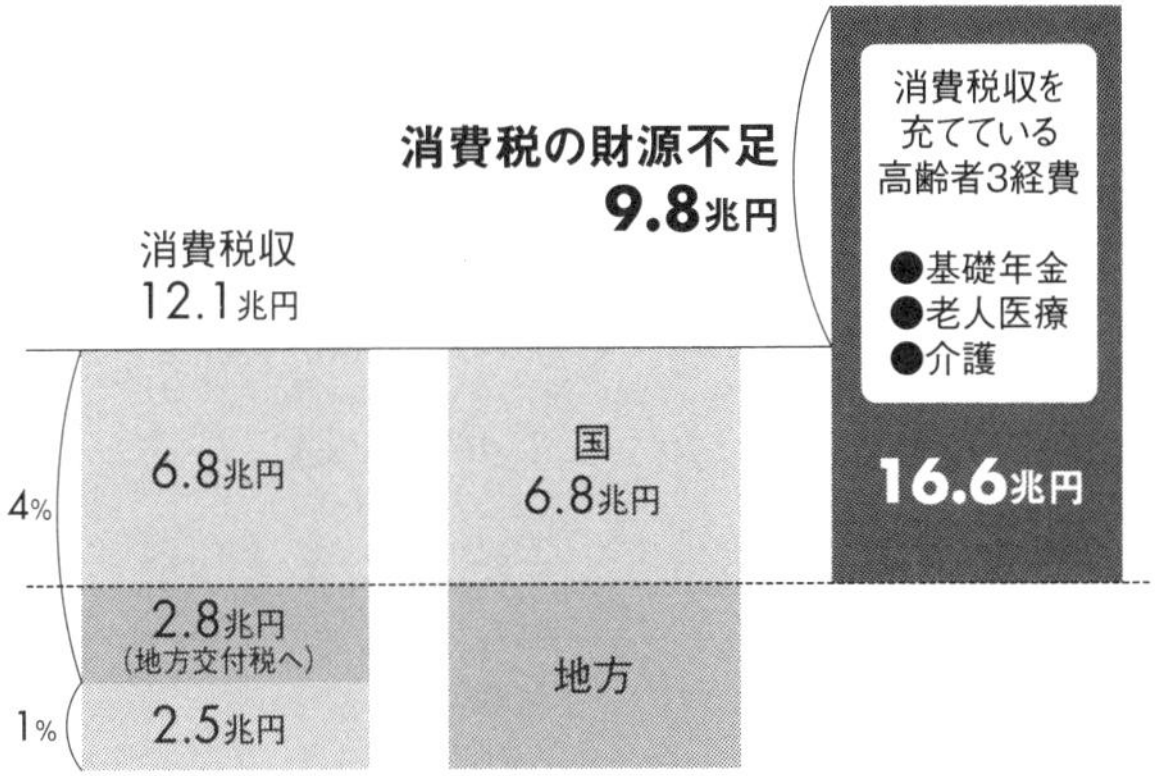

こういう実態を見れば「高齢者向けの財源が足りないのに、それでも現役世代を支える余裕があるのか」という疑問が起こるのはもっともです。それでもなお、「全世代対応型」の社会保障にしなければならない、というのが、私たちの「ビジョン」の主張なのですね。

なぜなら、これは前章でも議論したことですが、現役世代が元気にならないと高齢世代を支えられないし、財源不足による借金だって、将来にわたって返していく見通しがつかない、ということになるのです。

そこで私たちが認識しなければならないのは、日本の租税負担率の低さです。国民所得に対して24％という割合は、「小さな政府」

と言われる米国が26％であることから見ても非常に低い。

こうした国民負担を見直していくためにも、税がただ借金の穴埋めに回っているというのではなく、高齢世代、現役世代がともに元気になるために使われている、という実感を、国民が持てるような政府の舵《かじ》とりが求められるのです。

藤井　まったくその通りです。税収を社会保障に回し、さらに経済成長に結び付くようにするという考え方は、これまでのさまざまな議論でも一致しているのですね。

高齢者3経費の不足分9・8兆円を賄っているのは赤字国債と他の税収なのです。だから、「増税の目的は赤字国債を減らして財政再建するためだろう」と単純化して考えられやすいのですが、そうではない。若い世代を支える社会保障に回していくためにも必要なのです。

与謝野　結論から言うと、消費税の税率を上げるしか方法はないのです。しかし、それをむき出しにして国民にお願いすることは政治的に無理で、「消費税はすべて社会保障に使い、社会福祉の向上に還元されます」と確約しないと国民は了解してくれないでしょう。

実は、さきほど藤井さんが言われた完全目的税の考え方については、すでに2008年に閣議決定され、それをもとに翌年、法律（「所得税法等の一部を改正する法律」附則第

104条）にもなっているのですよ。そこで、消費税の使い道は、年金、医療、介護の社会保障給付、少子化に対処するための施策に要する費用に限定し、社会保障と一般歳出を完全に区分した経理にしようという方針が示されている。消費税収は社会保障費用として、すべて国民に還元することになっているのです。

ただ、これを具体的なしくみにしていくのはこれからで、一つの党だけの取り組みでは困難です。ましてや現状のねじれ国会では無理ですね。政治的対立を横において、国民のために与野党で話し合って解決しようという気運にならないと進まないのですよ。

限界を迎えた中福祉

与謝野　私が社会保障の今後について発したいメッセージとは「低負担では中福祉は続けられない。今も無理している」ということです。

租税負担と社会保険料は個人の財布から出て行くものですが、平均すると今の日本人は、自分が稼いだお金の38％をそれに充てている。スウェーデンは70％ということですから、日本はその半分の負担です。しかも、その割に福祉の質はさほど悪くはない。

例えば、スウェーデンでは、とても日本のようにスピーディーに医療機関で受診できないと聞いています。これは宮本さんが詳しいですね。

宮本　目下、スウェーデンの医療改革は「0・7・90」を目標に進められているのです。「0」とは、その日のうちに医師と連絡がつく、「7」は7日間以内に医師に会える、「90」は90日以内に治療が開始される、ということです。スウェーデンはこれをスローガンに医療へのアクセサビリティーを改善しようとしているのですが、ヨーロッパ諸国はどこも大差ない水準だと思います。対する日本は大きな大学病院でも、その日のうちに診療を受けようと思えば受けられる。これは「国民皆保険・皆年金」を50年前に達成した国ならではの成果でしょうね。

与謝野　こうした他国の状況を知ると、日本はそれなりに中福祉を実現してきたと思うのですよ。ただ、今はなんとか持ちこたえていますが、これからは厳しい。

そこで消費税に頼らざるを得ないのですが、消費税率を上げるとき、必ず2種類の反対論が出てきます。一つは、「税負担率は低所得者の方が高くなるから不公平」という指摘です。これは税負担だけ考えるからそうなるので、社会保障で受ける給付分を合わせると、一定の均衡がとれているはずなのですね。

もう一つの反対論は「消費税を上げないで、まずは景気回復に努力するべきだ」というものです。しかし、財政が悪化していけば、金利が上がったり信用不安が起きたりと経済に悪い影響を与える。消費税を上げることは、景気を減速させる側面ももちろんあるが、財政を健全にしていくことで、国や社会の信用が増すというプラス要素もあるのです。

そもそも私が考える財政健全化策というのは、①無駄の排除、②経済成長、③税制改革の3つを、あくまで同時に推進することなのです。優先順位を決めて一つずつというのでは結局、誰も責任を持って取り組まない、何も達成できない。

だいたい無駄の排除などは、大化の改新以来の永遠の課題なのですよ（笑）。常にやっていくしかない。

貯蓄が国を滅ぼす

与謝野　経済全体にお金を回していくのに、以前は個人消費が推進力になってきたのですが、たいていの家では欲しいものは一応そろってしまって、消費は頭打ちになっている。これまでになかった需要分野が広がっていかない限り、消費が堅調な伸びを見せることはないのですが、それが期待できるとしたら、やはり医療や福祉だと思うのですね。

消費に回っていないお金はどうなっているのか。5年くらい前まで国民の金融資産は1

200兆円だと言われていたのが、ここ数年は1400兆円から1500兆円を推移している。日本の経済がまだ成熟していないころは、貯蓄が設備投資や個人の需要に回りましたが、今は稼いだものがただ貯まっていくだけなのですよ。

「貯蓄は国を滅ぼす」という言葉もあるぐらいなのですが、これでは経済活性化に結び付かない。ここに消費税という税収を介して政府が医療や福祉分野にお金を回していく、という意味があると思うのです。


藤井 同感ですね。

今は大規模公共投資をしても、受託した企業が利益を貯蓄してしまう。少し前だと、大企業の利益はグローバルに動いて、スイスやケイマン諸島など有利な海外の金融市場に流れてしまっていた。いずれにしても国内に回っていかないのです。

しかし医療や福祉のように、地方も含めて広く国内に事業者や就業者が遍在しているような分野では国内にお金が回り、消費に結び付く。景気回復につながる可能性が高い。

与謝野 財政再建のために、自民党政権は1990年代終わりから公共事業を急激に減らしていって、今は当時の半分以下になっています。
以前は、建設土木系公共事業の経済波及効果は大きく、それなりに景気対策としての意味はあったのですが、経済の成熟とともに効果は小さくなった。巨額の公共投資をしても波及効果は思ったほど膨らまないという状況です。それは個人消費が伸びず、企業は利益が出ても給料に還元せず内部留保に回すようになっているからです。

公共事業にかつてのような景気浮揚効果はないのですね。

税負担を支える政治への信頼

藤井 政治の役割について、私が提言したいのは「決めたことは着実に実行する」ということです。

高橋是清の言葉に「政治の信頼があれば、金は出てくる」というのがある。国民の金融資産が1500兆円にも達したということは、まさに政治に信頼がないから貯めざるを得ないということでしょう。政治の実行力に対する信頼は、経済に大きなプラスになる。

何より国民が安心できる社会保障制度とその負担のしくみの再設計を着実に実行すれば、信頼は回復できると思います。それが中途半端になると、ますます貯蓄は増えるかもしれない。

宮本 では、政治に対する信頼と税の負担に関する意識の実態について、私たちが実施し

**図表6-2　これからの日本社会のあるべき姿として
あなたのイメージに近いのはどれですか?**

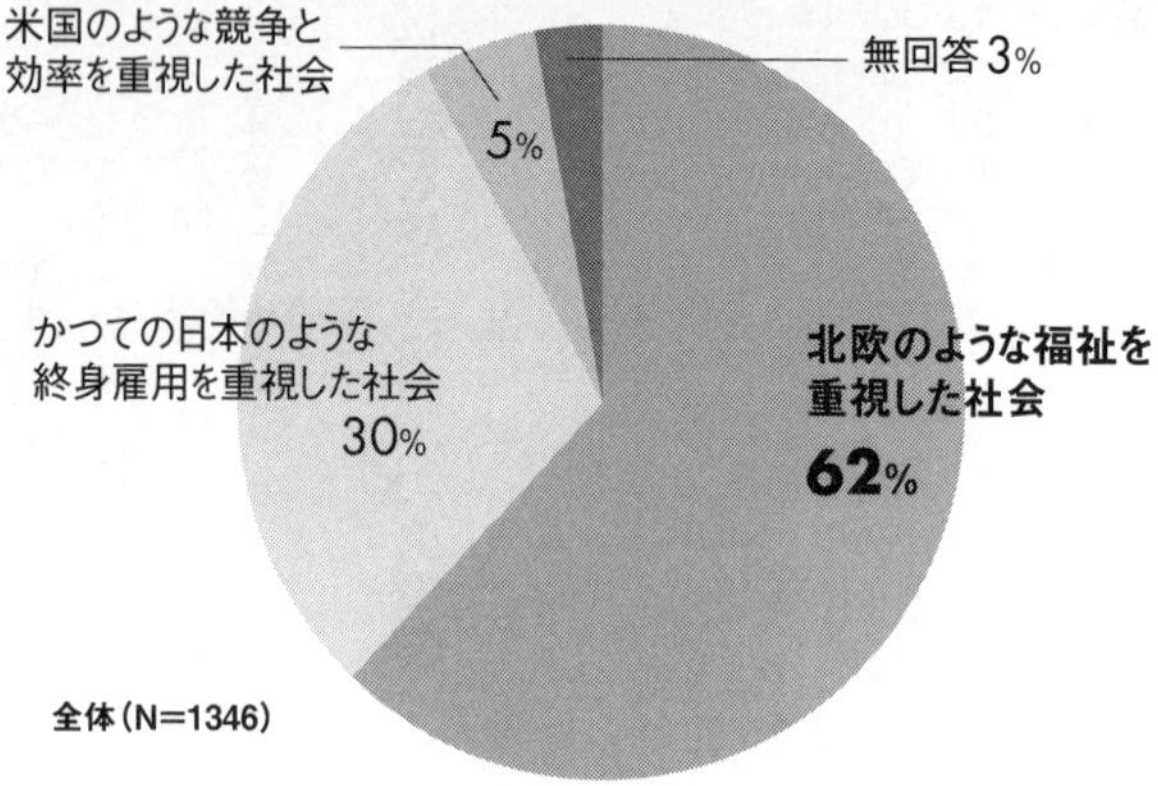

出所:「2009年北海道大学・北海道新聞社世論調査」

た「あなたが考える今の政治と社会」調査(「2009年北海道大学・北海道新聞社世論調査」。北海道の有権者2000人対象)の結果からご紹介します。

まず、「これからの日本社会のあるべき姿」を尋ねると、「北欧のような福祉を重視した社会」が6割と最も高く、「かつての日本のような終身雇用を重視した社会」は3割です(図表6―2)。一方、「税金や社会保険料などの国民負担の実感」を聞くと、「許容範囲を超えている」が54%で、現状を重いと感じている人の方が多い(図表6―3)。

しかし、「税金の負担についての考え方」では、「しっかりした社会保障があれば増えてもよい」は4割、「税金の無駄づかいがな

図表6-3　税金や社会保険料などの国民負担について　あなたの実感に近いものはどれですか?

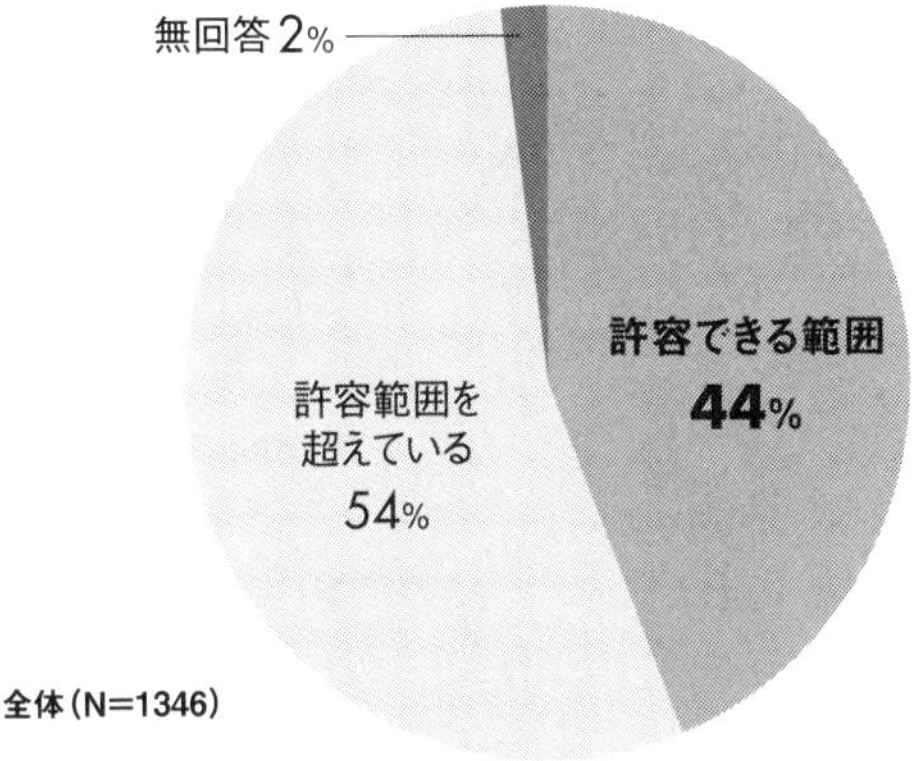

出所:「2009年北海道大学・北海道新聞社世論調査」

くなれば増えてもいい」は2割で、合わせれば増税を許容する人は6割を占めている(図表6―4)。

これらの結果をどう解釈するかですが、多くの国民にとって、これまで税金は「ただ、とられるもの」で、「自分に還ってくるもの」という認識が一般には薄かったのでしょう。ですから、安いに越したことはないけれど、自分自身や社会のためにきちんと使われるという前提がはっきりしていれば、高くなってもよいと考える人が多い、ということです。

これを見ると、やはり政治が信頼を獲得できるかどうかが、社会保障改革の重要な突破口だということがわかります。借金の穴埋め

図表6-4　税金の負担についてあなたの考えに近いのはどれですか?

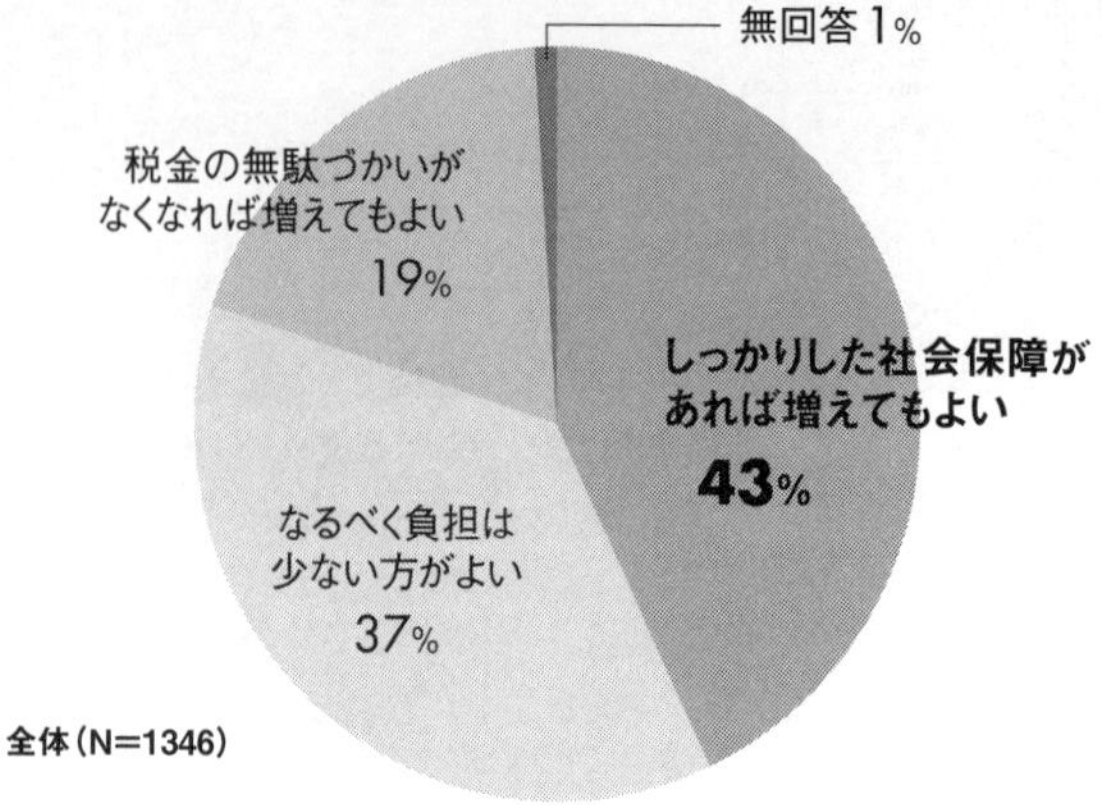

出所：「2009年北海道大学・北海道新聞社世論調査」

だけでなく、国民が実感できるお金の使い方をしていけるかどうかが決め手でしょう。

それにはまず、消費税として集めたお金は社会保障に限定して使っていく。それが国民からも確認できるように透明度を高めていくことです。それには経理区分を明確にすることも必要ですが、例えば、社会保障の地方分権化を進めて、自治体の財源を確保し、国民の身近でお金が使われるようなかたちをつくる、というやり方もある。いろいろな角度で知恵を絞ることができると思います。

藤井　日本も、今直面していることを政府が一つひとつ解決していけば、政治への信頼は回復できるのです。

先ほどの調査結果で、条件付きで増税を許

容するという人の割合が6割ということでしたが、政府のやり方がまずければ、すぐ1割まで減ってしまうでしょう。やはり完全目的税を着実に実現していくことだと思いますね。

与謝野　おそらく税金を喜んで払う人はあまりいないと思うのですよ（笑）。しかし、「払うことで自分を含めた社会が支えられる」というきちんとした意義があれば、日本の国民は出すのですよ。

宮本　スウェーデンの状況を見ても、国民の税負担の許容度と政府への信頼度は比例していると思いますね。要は「税金は第二の貯金だ」と信頼して、お金を託せるかどうかなのです。

スウェーデンでは、子育て支援であれ、高齢者福祉であれ、教育であれ、政府による公共サービスあるいは給付が自分の生活に直結していると感じる国民は日本より多いですから、総じて政治への関心も高い。また租税負担率も高いですから、税の使い道にもはや無関心ではいられない。だから政府の「ケーキの切り分け方」が適切かどうか、そのナイフさばきを固唾《かたず》をのんで見守っている、というところがあります。いい意味で、政府と国民の緊張関係が強いのですよ。

これに対して、日本の税負担率は低いこともあって、税金が還ってきているという実感が持てずにあきらめの境地になっている人も多い。還ってこない税金にしては負担が重い、という話になってしまう。

停滞を打開するプロセスとは

藤井　社会保障改革をどのような政治的プロセスで進めていくか。やはり、丁寧に段取りを踏んで党派を超えた議論の場をつくるということでしょうね。

前述の2005年の「年金合同会議」も、事前に自民、民主、公明と3党で議論を積み重ねて合意し、幹事長会談も行って衆参両院に設置が実現した。

与謝野　あの会議は、ちょうど未納年金の問題があって年金に特化した議論になってしまったのが残念でした。しかも出席者は自分の党の主張を出し合うだけになってしまった。

藤井　今後、議論の土俵をつくっていくためには、やはり衆院だけでなく参院を含めた議論が欠かせないでしょうし、民主、自民の2党だけの話し合いでも駄目でしょう。各党を巻き込む協議機関的な場が必要なのですよ。

与謝野　そうしたものをつくるのには、やはり法律で設置を裏付けた上で、「国会のなかの国会」というぐらいに出席者のバランスと権限を確保することが必要だと思いますよ。

そうでないと、各党から代表が出てきても、またそれぞれの党の方針を主張するだけで、一緒に案を練っていくことにはならない。

実は、民主党の財政に明るい人で「財政健全化責任法案」に注目する人が出てきてくれればいいと思っているのですよ。あの法律は、私が自民党時代に書いた最後の法律案で、社会保障改革に伴う税制の抜本的改革の重要性を指摘している。そのなかで「党派を超えた国会議員により構成される会議の設置」を求めているのです。それをもとに自民党に呼びかければいい。

菅総理にも、これで自民党に働きかけてはどうかと提案してはみたのですが、他のことがいろいろとお忙しそうで、進まなかったですね（笑）。

藤井　財政を考えれば、もうこれ以上は待てない状況でしょう。すぐ取り組まなければ、消費税アップはこの先10年はできないでしょうね。そうすると安定した社会保障制度もできないということなのですよ。

与謝野　とにかく社会制度改革に焦点を絞った戦略的な議論の場が、短期的なものでもいいから必要です。そこで各党の代表が政治色を廃してともに知恵を絞り、良い制度案をつくる。あとは、マスコミにも大いに後押ししてもらって、実現に向けた動きをつくる、ということですね。

なにしろ政治家はジャーナリズムと国民の動向に敏感だから、世論が盛り上がれば気勢が上がって、これで選挙を戦おうと頑張りますよ（笑）。

宮本　以前は、法律的に根拠のある「社会保障制度審議会」という、まさに超党派的な議論の場が旧総理府にあったのです。それが廃止されたことが、政治や報道のあり方にも影響を与えているのでしょうね。

政治は、もちろん党派間の相互批判という活力を失ってはいけないのですが、たたくことが自己目的になってては前に進まない。今日、社会保障改革のような大きな方向性については政党間で一致点が増えているのですが、だからこそ相手側の政治家の資質や挙動という政策以外の事柄に集中してたたき合うという、皮肉で逆説的な現象が見られます。もちろん政策以外でも、実現したい社会を実現できなくするような政治の作法の問題、例えば「政治と金」や政治家の資質に関する問題などはきちんと批判しなければいけないのですが、合意すると「しがらみ」だとか「野合」だとか、マスコミに言われてしまう。とにかく相手の頭をたたいていればいい、というような政治、また報道のあり方はいかがなものかと思うのですよ。

さらにここに、「世論調査民主主義」とも言うべき動向が重なります。今や世論調査結果という誰の声であるか正確にはわからない声が君臨しています。政治家も有権者も、マスコミの世論調査で頻繁に示される支持率に翻ろうされているところがありますね。

政治と報道は、どういう社会をつくっていくのか、そのためにどういう手段が必要なのか、その点でいかなる対立点が生まれているのかという構図を常に明確に示すべきなのです。

直情的な「世論」と成熟した「輿論《よろん》」を区別しなければならない、という議論がありますが、その通りだと思います。

「成熟した政治」の3つのアクター

宮本　これまでの議論をもとに提言としてまとめるならば「『安心に基づく活力』を成熟の政治で」ということだと思います。

社会保障と経済成長は一体のものであり、そのためには、誰もが力を発揮できる全員参加型の社会をつくる。これが「安心に基づく活力」ということで、前章までの議論の通りです。そして、それをどうやってつくっていくのかということで、今回は政治と負担について語り合ったわけですが、それには何より「成熟した政治」でなければいけない、ということですね。

では、「成熟した政治」とはどういうものなのか。私は3つのアクターが必要だと考えます。第一は政治家です。キャッチフレーズを吐いて、後はけむに巻くような「ワンフレーズ・ポリティクス」に長《た》けているのでは駄目で、あるべき社会の仕様書や設計図がきちんと描ける政治家でなければいけない。

第二は、そうした政治家をきちんと評価する報道のあり方です。

政府の委員会のまとめ役を務めて強く感じたのですが、委員会の文書を各社の記者に渡すと、前段の「こういう社会をつくりたい」という目標を説明している、いわば仕様書の部分を読み飛ばして、結局いくら負担を求めるのかという最後の請求書の部分だけを見るのですね。そして、それが翌日、電波や紙面に取り上げられて、議論の俎上に載せられてしまう。

請求書の部分はもちろん大切ですが、それよりも仕様書の中身が伝えられ、「払うに値する仕様書なのか」と議論されてはじめて、請求書を受け入れるかどうかという国民の判断が出てくるわけです。仕様書の重要さを認識し、十分国民に伝えていく、という方向に報道の質が変わらなければいけない。

　例えば、この「プライムニュース」のような、長時間枠でじっくり議論できる報道番組がもっと増えなければいけないと思うのですよ。「報道番組は2時間以上にしなければならない」とか、「コメンテーターは一言コメントでなく5分以上の中身のある内容を話せ」というような方針を打ち出したらどうでしょうね（笑）。

「成熟した政治」の第三のアクターは、仕様書が読める国民です。お金を払うに値する仕様書かどうか、読んで判断できる国民がいなければならない。

　このように「仕様書が書ける政治家」、「仕様書を伝える報道」、そして「仕様書が読める国民」が三位一体になって「安心に基づく活力」をつくっていかなければならないと思います。

藤井　「成熟した政治」にしていくためには、政治家個々の素質の問題が非常に大事だと思います。歴史的な視野も含めて大局的にものを見ることのできる人物が中心になってくれば「成熟の政治」は可能になってくるのではないでしょうか。
　ただ、選挙で一挙に100人以上もの新人議員が誕生したり、入れ替わるといった現状では難しいでしょうね。こうした選挙の構図の裏には、その前の世代の政治家たちが成熟していないという問題があるのでしょうから、新人議員の素質だけを問題にするというのは適当ではないかもしれません。最終的には有権者の判断でしょう。

私自身は、鈴木内閣で外相を務めた伊東正義氏、宮澤内閣で法相・副総理を務めた後藤《ご と う》田正晴《だまさはる》氏という人を数少ない尊敬する政治家としてきたのですが、いずれも「一党支配には限界がある」というお考えだった。リクルート事件のように何か必ず問題が起きると懸念されていたわけですね。

それで、私も自民党を出て、新党結成に参加したのですが、後藤田さんは「それは良いことだ。ただし、10年はかかるぞ」と言われた。しかし、これまで、なんとか教え通りに歩いてきましたし、今後も信念を貫いていきたいと思っています。

与謝野 アリストテレスは2500年前に著した『国家論』に、専制君主政治、貴族政治、民主政治のそれぞれの政治形態の利点と欠点、そして行く末について書いているのですね。

そこに「民主制の末路」として「誰もが危機が近づいているとわかっているのに、『誰かがやるだろう』と思って、誰もやらない」という趣旨のことを書いている。

これは、今の私たちに当てはまることで、日本の民主主義自体が非常に危機的な状態にあると思います。つまり、社会保障制度は、このままいくと破綻するかもしれないとわかっているのに誰もやらない。財政も持続の可能性がなくなるとわかっているのに、誰も真剣にやらない。

こうしたことは本当に困ったことで、私はそういう状況に警鐘を鳴らしていきたいと思っているのです。

宮本 民主主義は「一番マシな政治形態」であることは確かなのですが、アリストテレスの言うように堕落を生み出しやすいことも事実なのでしょう。

しかし、現在の日本では、政治が新しい社会のビジョンを描くのを国民は待ち望んでいるのですから、その意味では民主主義再生のチャンスなのです。この機会を逃したら、そのときは打撃が決定的になると覚悟しなければなりません。

安心社会への戦略と政治の課題＊

宮本 最後に、全章を通じて得られたさまざまな提言から、「安心社会・日本」を実現していくための方向性を整理しておきたいと思います。（図表6―5）。

少子高齢化が進むなかで、現役世代が弱ってしまっている、ある意味ではその99％が弱者になってしまっている。それが議論の出発点でした。現役世代の弱さとは、前章でも述

図表6-5　安心社会への戦略

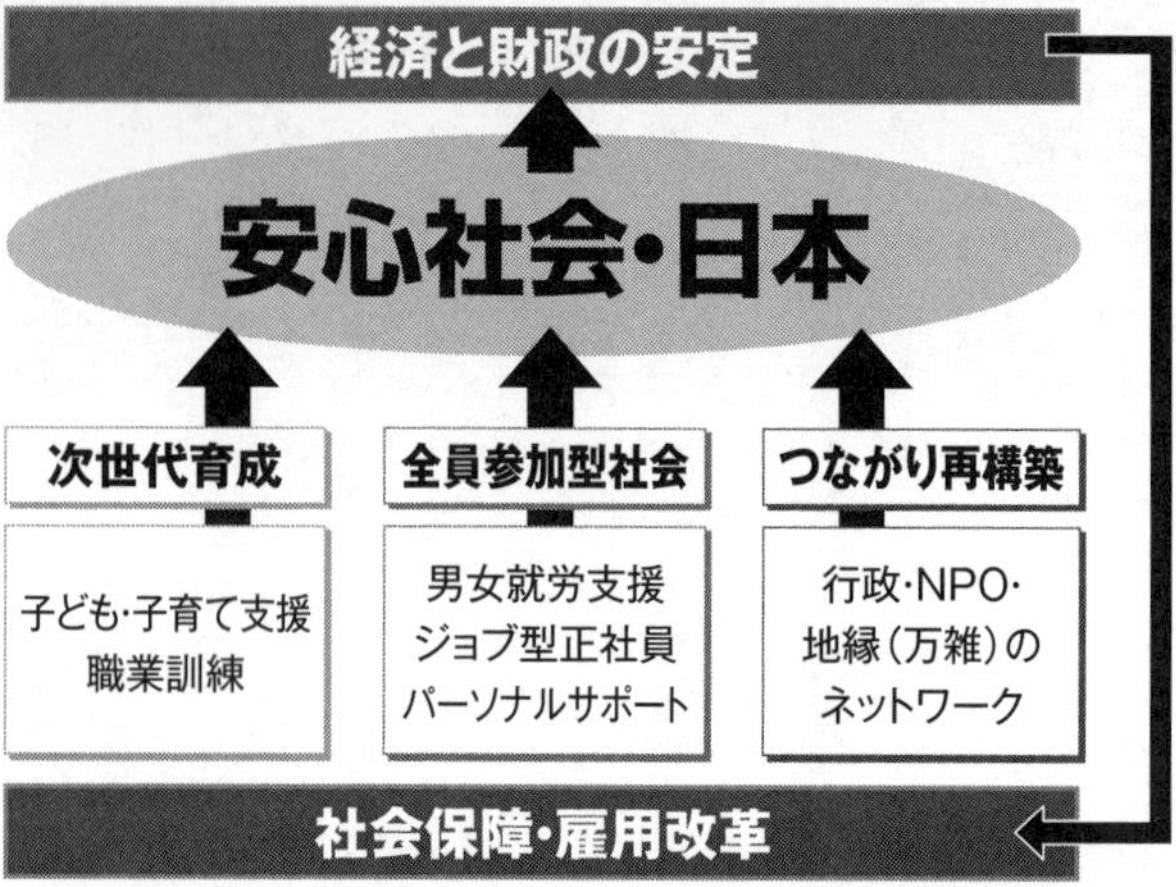

べたように、社会に参加し能力を発揮しにくくなったことによる経済的弱さ、つながりの弱さ、人口規模の小ささです。

まず、参加の弱さや雇用の危機に対しては、ジョブ型正社員やパーソナルサポートなど、誰もが本格的に社会に参加できるような全員参加型社会への支えを充実することで、雇用を分かち合い経済力をつけていく（第二章）。そして、そのためのサービス自体が雇用の場を広げ、医療や介護の技術イノベーションが経済成長の起動力ともなります（第一章）。

つながりの弱さに対しては、伝統的な地縁や血縁を行政、ＮＰＯなど新しいネットワークで支える。「必要縁」をテコにつながりを再構築していく（第三章）。そして、人口規模の小ささについては、これまで手薄だった子育て支援に注力して次世代育成をはかり、女性の就労拡大にもつなげる（第四章）。

この「全員参加型社会」、「つながりの再構築」、「次世代育成」という3つの回路がきっちり成立することによって、活力のなかの安心、安心のなかの活力が生まれ、それが経済と財政の安定に結び付く。さらにフィードバックされて社会保障を支える財源ともなり、改革の推進力になるのです。こうした構図と循環は、私たちがたどりついた戦略でもあります。そして第五章と本章の財源論議からは「財政再建と社会保障の機能強化を切り離してはいけない」ことをあらためて確認できたようにも思います。

菅政権においても「強い社会保障が、強い財政、強い経済を支える」という主張がなされ、その趣旨は私たちの戦略と共通したものがあると思うのですが、「強い社会保障」とは何か、それをどう実現するか、ということが具体的に示されてこなかった。国民に主張が伝わりにくかった理由はそこにあるのでしょうね。

今一つ提言しておきたいことは「政治に冷静な危機感を」ということです。政治家たちは皆、盛んに社会保障改革を口にしますが、国民の不安をよそに不可解な政局ダンスが踊られているのを見ると、どこまで本気で現実に向き合っているのかと疑いたくなります。

危機感を絶叫する政治家は多いのですが、「すべて官僚が悪い」などというように話を過度に単純化してしまっている場合もある。

有権者とメディアは、一人ひとりの政治家や党派が冷静な危機感を持って行動しているのかどうか、しっかり見分けていくことが必要でしょう。官僚であれ政治家であれ、あるいは社会保障の受給者であれ、責任を誰か一人に押し付けるような議論は、やはり眉につばをつけて聞く必要があるかもしれません。

社会保障の問題は複雑で、その背景、要因は多元的です。そこを冷静にとらえて解きほぐしていく、処方せんをきちんと提示していくという構えがある政治家を見分けることが、今一番求められていることではないかと思います。

そして、社会保障改革の方向性については、すでに選択肢はそう多くはありません。与野党を通して、これまでの議論のなかで合意の枠はほぼでき上がっているのです。

後はこれを、どう実現していくのか、その構えが問われている。それを支えるのが冷静な危機感だと思うのです。

［2010年12月17日・ただし、*は2011年2月4日］

藤井裕久
ふじい・ひろひさ

衆議院議員　＊出演当時、民主党「社会保障と税の抜本改革調査会」会長／１９３２年東京都生まれ。東京大学法学部卒業後、大蔵省入省。77年参議院議員選挙に自民党から出馬し初当選。90年衆議院議員選挙に初当選。93年に自民党を離党し、新生党結成に参加。同年細川内閣で大蔵大臣に就任。98年自由党に参加し、２００３年民主党に合流後、幹事長など党要職を歴任。２００９年鳩山内閣で財務大臣、２０１１年菅内閣で内閣官房副長官、内閣総理大臣補佐官（社会保障・税一体改革及び省庁間調整担当）を務めた。

与謝野　馨
よさの・かおる

衆議院議員　＊出演当時、たちあがれ日本共同代表／１９３８年東京都生まれ。東京大学法学部卒業後、日本原子力発電に勤務。76年に衆議院議員選挙に自民党から出馬し初当選。94年の文部大臣を皮切りに通産大臣、経済財政政策・金融担当大臣、内閣官房長官、財務大臣などを歴任。２０１０年に自民党を離党し、たちあがれ日本共同代表に。２０１１年、同党を離党し、菅内閣で経済財政政策担当大臣（少子化対策、男女共同参画、社会保障・税一体改革担当）を務めた。近著に『堂々たる政治』（新潮新書）ほか。

あとがき

本書は、序章でも述べた通り、BSフジ「プライムニュース」における連続提言企画に基づいている。ご存じの読者も多いと思うが、この番組は、ゴールデンアワーの時間帯に2時間枠の生放送で、有識者や政治家を招いてかなりつっこんだ議論を行う。

最初に出演させていただいたのは3年ほど前であったと思うが、2時間もダレずに話がもつのだろうか、視聴者はずっとチャンネルを合わせていてくれるものなのだろうかと、正直なところ半信半疑であった。しかし、番組キャスターの反町理《おさむ》、八木亜希子、島田彩夏各氏の巧みな仕切りもあって、番組はたいてい「もっと聞きたい」という緊張感を保ったままエンディングを迎える。また、番組の影響力という点では、この時間帯の娯楽番組には興味のもてない視聴者をしっかりつかんでいることもわかってきた。後日、思わぬ方からドキッとする感想をいただくことがあった。

この番組で、6回にわたる提言シリーズのコーディネーターを依頼された際、お引き受けしたのも、番組スタッフの取り組みの真摯《しんし》さを知っていたからである。札幌で日中教壇に立ちながら、毎晩続けて東京・お台場のスタジオに駆けつけるというのは、実はかなりムリのある話だったと気がついたのは、放送が始まってからだった。それでも、ご出演いただいた皆さんの熱い議論に支えられて、毎回番組は盛り上がり、ハイテンションで乗り切れた。「ぜひ本にしてほしい」という声が広がったのも嬉しいことであった。

思い返してみると、この企画が成功し本が世に出る上で、多くの方々のご尽力があった。フジテレビの日枝久会長には自由な議論の場をさまざまなご配慮で支えていただいた。太田英昭専務も企画の成就のためにお骨折りいただいた。小林泰一郎解説委員、浜谷知典ディレクター、BSフジ編成・報道局の髙島英弥報道部長のプロの仕事ぶりにはいつも敬服している。また、幻冬舎編集部の志儀保博氏、大熊悠介氏には本書のタイトルを含めていろいろ知恵を絞っていただいた。木村篤子さんは、番組の緊張感をそのまま原稿に移し替える上で力を発揮された。お世話になった方々をすべて挙げることができず残念だが、記して謝意を表したい。

この国を大きく揺るがした2011年も間もなく過ぎゆき、社会保障改革などの議論が本格化していくと思われる。本書が、日本復興のための開かれた討論に貢献することを願っている。

２０１１年11月

宮本太郎

編者略歴

宮本太郎《みやもと・たろう》

北海道大学大学院法学研究科教授（比較政治、福祉政策論）

1958年東京都生まれ。中央大学大学院法学研究科博士後期課程単位取得退学。立命館大学法学部助教授、ストックホルム大学客員研究員などを経て、2002年より現職。政府の「安心社会実現会議」委員、総務省顧問、内閣府参与などを歴任。「社会保障改革に関する有識者検討会」では座長を務めた。

主著に『福祉国家という戦略―スウェーデンモデルの政治経済学』（法律文化社）、『福祉政治―日本の生活保障とデモクラシー』（有斐閣）、『生活保障―排除しない社会へ』（岩波新書）ほか。

幻冬舎新書 242

弱者99%社会

日本復興のための生活保障

二〇一一年十二月二十日 第一刷発行

編者 宮本太郎+BSフジ・プライムニュース

発行人 見城 徹
編集人 志儀保博
発行所 株式会社 幻冬舎
〒一五一-〇〇五一 東京都渋谷区千駄ヶ谷四-九-七
電話 〇三-五四一一-六二一一(編集)
〇三-五四一一-六二二二(営業)
振替 〇〇一二〇-八-七六七六四三
ブックデザイン 鈴木成一デザイン室
印刷・製本所 中央精版印刷株式会社

Printed in Japan ISBN978-4-344-98243-7 C0295
み-5-1
幻冬舎ホームページアドレス http://www.gentosha.co.jp/
*この本に関するご意見・ご感想をメールでお寄せいただく場合は、comment@gentosha.co.jp まで。

幻冬舎新書

上杉隆　烏賀陽弘道
報道災害【原発編】
事実を伝えないメディアの大罪

安全デマを垂れ流し、多くの人々を被曝させた記者クラブ報道の罪は殺人に等しい。3・11以降、日本人が自らを守り、生き抜くためのメディアリテラシーとは何か。

川崎昌平
ネットカフェ難民
ドキュメント「最底辺生活」

金も職も技能もない25歳のニートが、ある日突然、実家の六畳間からネットカフェの一畳ちょいの空間に居を移した。やがて見えないところで次々に荒廃が始まる――これこそが、現代の貧困だ！　実録・社会の危機。

岸博幸
ネット帝国主義と日本の敗北
搾取されるカネと文化

ネットで進むアメリカ企業の帝国主義的拡大に、欧州各国では国家の威信をかけた抵抗が始まった。このままでは日本だけが搾取されてしまう。国益の観点から初めてあぶり出された危機的状況！

紺谷典子
平成経済20年史

バブルの破裂から始まった平成は、世界金融の破綻で20年目の幕を下ろす。この20年間を振り返り、日本が墜落した最悪の歴史とそのただ1つの原因を解き明かし、復活へ一縷の望みをつなぐ稀有な書。

幻冬舎新書

鈴木伸元
加害者家族

犯罪の加害者家族は失職や転居だけでなく、インターネットでの誹謗中傷、写真や個人情報の流出など、悲惨な現実をまのあたりにする。意外に知られていない実態を明らかにした衝撃の一冊。

緒方俊雄
慢性うつ病は必ず治る

投薬治療中心の現在の精神科では敬遠される「慢性うつ病」。しかし家庭や仕事など現実を直視し抑えてきた感情を解放すれば、慢性うつ病は必ず治る。カウンセラーが心との向き合い方をアドバイス。

岡田尊司
うつと気分障害

うつと思われていた人の約半分が、実は躁うつだとわかってきた。本書ではうつと気分障害についての基礎知識から、最先端の研究成果、実際に役立つ予防や治療・克服法までわかりやすく解説。

浜六郎
認知症にさせられる！

不要の薬を何種類も飲み続けることで、認知症にさせられてしまう悲劇を、どうしたら防げるか。間違いだらけの診察・投薬から家族を守るための薬の知識。処方されたら要注意の薬剤リスト付き。

幻冬舎新書

副島隆彦
お金で騙される人、騙されない人

銀行、証券、生保のウソの儲け話に騙されて、なけなしの預金を株や投資信託につぎ込み、大損した人が日本国中にいる。金融経済界のカリスマが、12の事例をもとに、世に仕組まれたお金のカラクリを暴く!

日垣隆
折れそうな心の鍛え方

落ち込み度の自己診断法から、すぐ効くガス抜き法、日々の生活でできる心の筋トレ法まで。持ち前のアイディアとユーモア精神でウツを克服した著者が教える、しなやかな心を育てる50のノウハウ。

加藤忠史
うつ病の脳科学
精神科医療の未来を切り拓く

現在のうつ診療は、病因が解明されていないため、処方薬も治療法も手探りにならざるを得ない。が、最新の脳科学で、脳の病変や遺伝子がうつに関係することがわかった。うつ診療の未来を示す。

岡田尊司
アスペルガー症候群

他人の気持ちや常識を理解しにくいため、突然失礼なことを言って相手を面食らわせることが多いアスペルガー症候群。家庭や学校、職場でどう接したらいいのか。改善法などすべてを網羅した一冊。